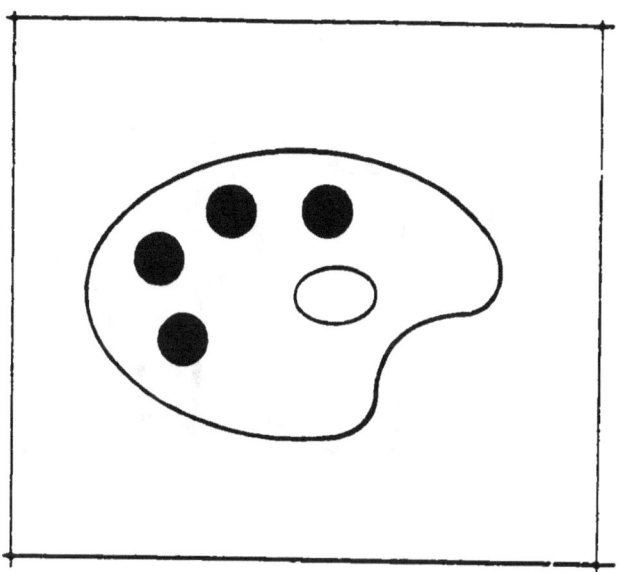

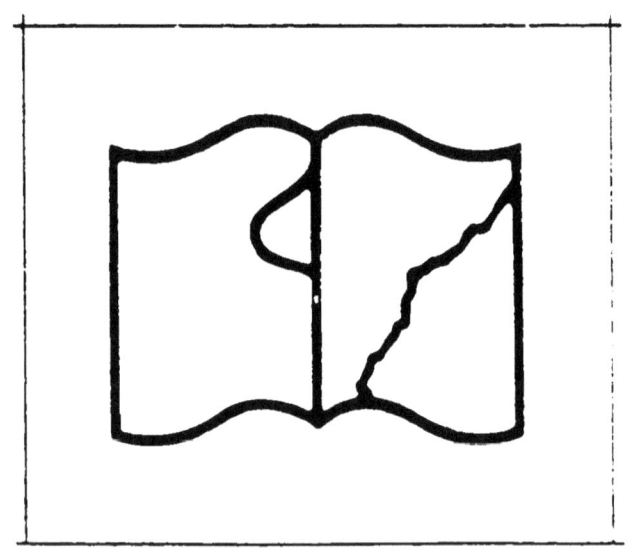

Y
292

LE BANNI

SUIVI DE

DIS-MOI QUEL EST TON PAYS

CHANT ALSACIEN

PAR

ERCKMANN-CHATRIAN

ILLUSTRÉ DE 17 DESSINS PAR F. LIX.

ŒUVRES COMPLÈTES
ILLUSTRÉES

ROMANS NATIONAUX

Le Conscrit de 1813
Madame Thérèse ou les Volontaires de 92
L'Invasion
Waterloo
L'Homme du peuple
Le Blocus
La Guerre

ROMANS POPULAIRES

Docteur Mathéus
Hugues le Loup
Daniel Rock
Contes des Bords du Rhin
L'ami Fritz
Joueur de Clarinette
Maison forestière
Le Juif Polonais

ŒUVRES COMPLÈTES
ILLUSTRÉES

HISTOIRE DE LA RÉVOLUTION FRANÇAISE
RACONTÉE
PAR UN PAYSAN
1789 à 1815

CONTES ET ROMANS ALSACIENS

Hist. du Plébiscite
Histoire d'un Sous-Maître
Les Deux Frères
Brigadier Frédéric
Campagne en Kabylie
Chef de chantier
Gaspard Fix

Contes vosgiens
Grand-père Lebigre
Les Vieux de la Vieille
Quelques mots sur l'Esprit humain

L'OUVRAGE COMPLET, PRIX : 1 FR. 20 C.

PARIS
J. HETZEL ET Cⁱᵉ, ÉDITEURS, 18, RUE JACOB

Tous droits de traduction et de reproduction réservés.

LE BANNI

OUVRAGES D'ERCKMANN-CHATRIAN

ŒUVRES COMPLÈTES ILLUSTRÉES.

ROMANS NATIONAUX, 1 vol. in-8 illustré. Relié, 15 fr. ; toile, 13 fr. ; broché.   10 fr.
CONTES ET ROMANS POPULAIRES, 1 vol. gr. in-8 illustré. Relié, 15 fr. ;
   toile, 13 fr. ; broché . . . . 10 fr.
CONTES ET ROMANS ALSACIENS, 1 vol. gr. in-8 illustré. Relié, 15 fr. ;
   toile, 13 fr. ; broché . . . . 10 fr.
HISTOIRE DE LA RÉVOLUTION FRANÇAISE RACONTÉE PAR UN PAYSAN,
   1 vol. gr. in-8 illustré. Relié, 12 fr. ; toile, 10 fr. ; broché . . . . 7 fr.

ŒUVRE COMPLÈTE. — VOLUMES IN-18 A 3 FR.

ALSACE! drame en 5 actes et 8 tableaux. 5ᵉ édition	1 vol.
L'AMI FRITZ, comédie en 3 actes, musique de Henri Maréchal, 5ᵉ édition.	1 vol.
LE BANNI, 5ᵉ édition	1 vol.
LE BLOCUS, 21ᵉ édition	1 vol.
LE BRIGADIER FRÉDÉRIC, 12ᵉ édition	1 vol.
CONFIDENCES D'UN JOUEUR DE CLARINETTE, 7ᵉ édition.	1 vol.
CONTES DE LA MONTAGNE, 6ᵉ édition	1 vol.
CONTES DES BORDS DU RHIN, 6ᵉ édition	1 vol.
CONTES POPULAIRES, 6ᵉ édition	1 vol.
CONTES VOSGIENS, 5ᵉ édition	1 vol.
LES DEUX FRÈRES, 12ᵉ édition	1 vol.
LE GRAND-PÈRE LEBIGRE, 5ᵉ édition	1 vol.
LA GUERRE, 7ᵉ édition	1 vol.
HISTOIRE D'UN CONSCRIT DE 1813, 43ᵉ édition	1 vol.
HISTOIRE D'UN HOMME DU PEUPLE, 12ᵉ édition	1 vol.
HISTOIRE D'UN PAYSAN :	
1ʳᵉ Partie. *Les Etats généraux* (1789), 29ᵉ édition	1 vol.
2ᵉ Partie. *La Patrie en danger* (1792), 21ᵉ édition	1 vol.
3ᵉ Partie. *L'an I de la République* (1793), 15ᵉ édition.	1 vol.
4ᵉ Partie. *Le citoyen Bonaparte* (1794 à 1815), 11ᵉ édition . . .	1 vol.
HISTOIRE DU PLÉBISCITE, 19ᵉ édition	1 vol.
HISTOIRE D'UN SOUS-MAITRE, 10ᵉ édition	1 vol.
L'ILLUSTRE DOCTEUR MATHÉUS, 6ᵉ édition	1 vol.
L'INVASION, 23ᵉ édition	1 vol.
MADAME THÉRÈSE, 35ᵉ édition	1 vol.
LA MAISON FORESTIÈRE, 8ᵉ édition	1 vol.
MAITRE DANIEL ROCK, 5ᵉ édition	1 vol.
MAITRE GASPARD FIX, 6ᵉ édition	1 vol.
SOUVENIRS D'UN ANCIEN CHEF DE CHANTIER, 7ᵉ édition . . .	1 vol.
UNE CAMPAGNE EN KABYLIE, 6ᵉ édition	1 vol.
LES VIEUX DE LA VIEILLE, 5ᵉ édition	1 vol.
WATERLOO, 33ᵉ édition	1 vol.
LE JUIF POLONAIS, drame en 3 actes et 5 tableaux, avec airs notés. 1 vol. in-18. Prix	1 fr. 50 c.
LETTRE D'UN ÉLECTEUR A SON DÉPUTÉ. Prix	50 c.
QUELQUES MOTS SUR L'ESPRIT HUMAIN, in-18. Prix	1 fr. 50 c.

LE BANNI

SUIVI DE

DIS-MOI ! QUEL EST TON PAYS

CHANT ALSACIEN

PAR

ERCKMANN-CHATRIAN

DESSINS PAR F. LIX

PARIS

J. HETZEL ET Cie, LIBRAIRES-ÉDITEURS

18, RUE JACOB, 18

Tous droits de traduction et de reproduction réservés

Paris. — Imp. Gauthier-Villars, 55, quai des Grands-Augustins.

LE BANNI

PAR
ERCKMANN-CHATRIAN

C'est un grand gaillard... (Page 2.)

I

Au-dessus de Saverne, à partir de la colonne qui marquait autrefois la limite du Bas-Rhin et de la Meurthe, se détache du grand chemin de Paris — à droite, en montant la côte — une jolie route forestière vers la Petite-Pierre et Bitche.

En suivant cette direction, vous laissez à votre gauche l'ancienne forteresse de Phalsbourg, dont l'église, l'hôtel de ville et les casernes se dessinent sur l'horizon lointain de la Lorraine.

Je ne crois pas qu'il existe en France de route mieux tracée ni plus pittoresque que celle-là ; elle forme de grands circuits au penchant de la côte; l'ombre des hêtres et des sapins vous couvre, vos regards se perdent, au-dessous, dans d'immenses trouées sur la plaine bleue de l'Alsace, jusqu'aux rives du Rhin.

Vous ne découvrez dans les gorges environnantes que des cimes, des rochers, des genêts dorés, des bruyères lilas : c'est un coup d'œil splendide.

Mais pourquoi cette route, si belle, si commode, a-t-elle été construite en 1867, trois ans avant l'invasion prussienne?

Je n'en sais rien; M. le grand chancelier de Bismark et M. le feld-maréchal de Moltke le savent peut-être.

Sans cette route, il aurait fallu prendre Phalsbourg après la bataille de Reichshoffen, pour marcher sur Paris; et, grâce à ce nouveau chemin, on put tourner rapidement la place et pousser jusqu'à Toul sans rencontrer de nouveaux obstacles.

Et quand on pense que, de l'autre côté de la forteresse, le tunnel d'Archviller, où passe le chemin de fer, n'a pas sauté, cela vous donne à réfléchir.

Dieu du ciel! à quoi tient souvent le sort des nations!

Enfin, ne songeons point à cela, nous en deviendrions trop mélancoliques.

Après avoir marché deux heures sous bois, vous apercevez le fond de la vallée en prairie, où serpente la Zinsel sous les roseaux, et deux maisonnettes perdues dans cette solitude.

L'une, petite auberge entourée de vergers, près d'un sentier sablonneux, non loin d'un vieux pont qui franchit la rivière; l'autre, solide maison de garde-forestier, adossée à la montagne en face, la toiture en mansardes, le pignon tapissé de vigne, les fenêtres scintillant dans la verdure.

Rien ne saurait vous donner l'idée de la fraîcheur d'une pareille retraite, ni surtout de son silence pendant les chaudes journées de l'été.

A peine le bourdonnement de l'eau, le frémissement du feuillage, de loin en loin le cri perçant d'une nichée d'éperviers, dont la fiente blanchit les hautes roches d'Eschbourg, troublent-ils ce repos immense.

Une jeune fille sort de la maison du garde en bras de chemise: elle est blonde et rose; elle va lever le linge qui blanchit au soleil sur les prés, puis elle rentre.

Une heure après, passe une charrette à deux roues, attelée de sa rosse couverte d'une peau de chien; elle suit le sentier sablonneux au petit pas et traverse le pont: c'est Klein-Nickel, le commissionnaire de la Petite-Pierre, qui ramène des environs quelques tonnes de bière vides; il ne se presse pas; il a bien le temps d'arriver!

Au bout d'une autre heure, retentit un coup de fusil en forêt; tous les échos s'éveillent jusqu'au débouché de la vallée, à Dosenheim; le garde-forestier, Wilhelm Gotthelf, en tournée, vient sans doute de rencontrer un lièvre; il le ramasse en ce moment par les oreilles et l'introduit dans sa gibecière.

Voilà tous les événements de la vallée du Tommenthal durant de longues heures.

Puis, à la nuit, le passage de quelques bûcherons retournant chez eux, aux roches du Graufthâl, une grosse bûche sur l'épaule pour faire bouillir la marmite, termine la journée.

Aujourd'hui, comme avant l'annexion, il en est de même; impossible d'y voir le moindre changement, sauf que le garde français s'appelait Frédéric Bëhme, que sa femme était morte quelque temps avant nos désastres, et qu'il ne lui restait qu'une jeune fille et une vieille grand'mère; tandis que le garde prussien se nomme Wilhelm Gotthelf, qu'il a sa femme, deux filles et des garçons en nombre.

Le Français a quitté le pays, et Wilhelm Gotthelf s'est installé tranquillement à sa place; il a eu ses meubles, son armoire de noyer, ses quelques chaises et jusqu'au fauteuil de la grand'mère presque pour rien, personne n'ayant pu *miser* à la vente du brigadier Frédéric, en ces temps de malheur.

Du reste, le jardin, le verger, la prairie étaient là, bien irrigués, bien cultivés: les arbres greffés de bons fruits, le rucher en plein rapport. Que lui fallait-il de plus, à ce Prussien? Tous ses vœux étaient remplis.

Ancien sergent au 2ᵉ régiment des grenadiers Poméraniens, 1ʳᵉ division, 2ᵉ brigade, il avait fait les campagnes de Danemarck et de Bohême à l'armée de Steinmetz et celle de France dans la landwehr.

C'était un brave soldat allemand, un peu lourd, mais solide.

Le chapeau de forestier à plumes de coq, la veste grise à parements verts, lui vont bien, les demi-bottes aussi; ses larges pieds s'y trouvent à l'aise.

C'est un grand gaillard, qui remplit exactement son service, avec un air de bonhomie un peu goguenarde.

Il ne faut pas que le garde Gotthelf vous rencontre dans la forêt, en train de ramasser des feuilles sèches ou de cueillir des myrtilles sans permission, car aussitôt, en souriant, il vous tend sa large main.

« Cela coûte tant de marcs, tant de pfennings », vous dit-il en clignant de l'œil.

Il reçoit l'argent, si vous l'avez, et le met consciencieusement en poche. Et si vous ne l'avez pas, il prend vos nom et prénoms sur son calepin, en vous avertissant que vous payerez plus tard avec des frais de justice.

C'est par charité qu'il voudrait vous épargner ces frais de justice.

Ainsi Sa Majesté Guillaume encourage la bienveillance de ses fidèles serviteurs : un marc de plus dans la poche de Gotthelf vaut mieux que trois délinquants sous clef, nourris aux frais de l'État.

Ah ! quel beau et bon pays que cette terre d'Alsace ! Riche en bois, riche en vins, riche en toutes sortes de récoltes ; riche autrefois en argent, par l'industrie de ses habitants.

Et que Wilhelm Gotthelf désirait d'y rester, après la campagne de France, en se rappelant les landes arides de son pays sur les côtes de la Baltique, où souffle un vent à décorner des bœufs, où les petits pins maritimes, tordus et dépouillés, ressemblent à des balais, où la mer hurle durant les longues nuits d'hiver, où les corbeaux par milliers crient : — Misère ! misère ! — à votre approche ; où les pauvres gens se nourrissent de strœmérings et de morue salée, ce qui leur donne la lèpre !

Oh ! qu'il désirerait rester dans cette terre promise et y faire venir sa vertueuse épouse Hedwige, qui, depuis le commencement de la guerre, le bombardait de longues lettres sur la rareté des pommes de terre et le dépérissement des enfants, qui ne recevaient plus leur pitance !

Oui ! mais il n'osait l'espérer ; cela lui paraissait impossible. Enfin, ses états de service étaient bons, et Gotthelf hasarda sa demande à monseigneur Bismarck-Bohlen, alors gouverneur d'Alsace à Hagueneau.

Et voilà que le Seigneur Dieu jette un regard favorable sur ce brave Wilhelm ; voilà qu'il inspire aux forestiers d'Alsace-Lorraine de refuser le serment à Sa Majesté Guillaume, sous prétexte qu'ils sont Français ; voilà que l'honnête Wilhelm Gotthelf est nommé d'emblée garde-forestier au Tommenthal, en remplacement de Frédéric Béhme, qui déguerpit d'abord, avec sa fille et sa grand'mère, au misérable hameau de Graufthal, et qui reçoit l'ordre d'aller chercher fortune ailleurs, pour ne pas troubler la tranquillité publique en apitoyant les gens sur son triste sort.

Le Français part, sa grand'mère meurt sous les roches, et sa fille, Marie-Rose, va le rejoindre au delà des Vosges, pour mourir à son tour, pendant que Gotthelf, tout réjoui de ces événements merveilleux, s'installe dans les meubles du brigadier Frédéric, dans sa jolie maisonnette, où bientôt la vertueuse Hedwige arrive avec toute sa nichée et lève les yeux au ciel en louant le Seigneur de ses grâces.

Depuis cet heureux jour, ils n'ont fait que prospérer ; Wilhelm Gotthelf vit comme un patriarche au milieu de sa nombreuse famille : ses filles, Lina et Frida, grandissent en beauté, en sagesse ; les marmots, Otto, Rodolphe, Wilhelm et Klodwig crient, sifflent, s'empiffrent de laitage, de fruits, de pommes de terre ; ils aiment aussi le gibier, et quand Gotthelf revient de la chasse avec un lièvre dans son sac, ils courent à sa rencontre en criant :

« *Papé... Papé...* ha ! montre !... montre !... ce que tu apportes. »

On dirait qu'ils vont avaler le lièvre tout cru, et Gotthelf est heureux ; il rit de voir Wilhelm et le petit Klodwig, le nez barbouillé de fromage blanc.

Ils sont tous joufflus et plus ventrus les uns que les autres, ce sont des anges ; la bénédiction de Dieu repose sur cette demeure ; et cela nous montre que la vertu est toujours récompensée en ce monde.

Quant à la petite auberge forestière qui fait face à la maison du garde, de l'autre côté du pont en dos d'âne, elle est tenue par la veuve Baptiste.

Son mari, le pauvre brave homme, était malade d'une fluxion de poitrine au moment de l'invasion.

Un détachement de chasseurs à cheval prussiens en reconnaissance, égaré dans les bois, pendant l'investissement de Phalsbourg, est venu l'arracher de son lit.

Le lieutenant, jeune hobereau du Brandebourg, à peine âgé de dix-huit ans, lui mit son pistolet sur l'oreille :

« Lève-toi, coquin, lève-toi ! Tu vas nous montrer le chemin de Saverne ! Lève-toi ou je te tue !

— Mais je ne peux pas ! Je suis mourant !

— Debout ! Tu t'accrocheras à la crinière de mon cheval, et tu marcheras ! Sinon... »

La femme pleurait, l'enfant, le petit Charles, sanglotait.

Baptiste se leva.

Il marchait en tête du détachement, se tenant à la crinière d'un cheval, et tombait à chaque cent pas sur les genoux.

« Debout! » hurlait le jeune loup, les yeux étincelants et tout frémissant à l'idée d'être perdu dans ces forêts.

Et Baptiste, à la fin, étouffant, la bouche pleine de sang, dit :

« Eh bien, tirez! je n'en puis plus! »

Mais le jeune lieutenant attendit, pour le laisser respirer une minute.

Enfin, remontant lentement la belle route tracée par nos ingénieurs, ils arrivèrent près de la colonne, entre Meurthe et Bas-Rhin.

Le jeune homme alors, reconnaissant au loin Phalsbourg, sourit de ses dents blanches, et portant galamment la main à la hauteur de l'oreille, il dit d'un accent ironique au pauvre Baptiste :

« Excusez, monsieur le Français, de vous avoir dérangé de si grand matin....Au revoir!... au revoir!... »

Et Baptiste tomba dans une broussaille ; il se traîna péniblement à sa pauvre maison, et peu de jours après, il était mort.

Sa veuve tient l'auberge forestière ; elle ne pouvait abandonner ses champs, ses prés. Que faire? Où aller après une guerre aussi désastreuse?

Et puis l'enfant malade, l'habitude de vivre là... que sais-je !

Les officiers du régiment de Brunswick, en garnison à Phalsbourg, poussent quelquefois un temps de galop jusqu'à la vallée ; ils s'asseyent sous la tonnelle de la petite auberge, ils boivent de la bière de Munich, en se retroussant les moustaches, ils mangent de la friture : leurs casques brillent à travers le feuillage, ils chantent le *Wacht am Rhein!*

C'est la veuve qui les sert! Elle est grave et sourit rarement.

Ainsi va le monde !

De leurs fenêtres, la vieille Hedwige et ses deux filles contemplent les beaux officiers; la vieille, aux yeux vert-de-mer, au nez crochu, porte encore les atours de son pays : la robe de laine noire à points blancs, le capuchon noué sous le menton.

Ses filles ressemblent à leur père Gotthelf. Lina est jolie : son teint d'une blancheur éclatante, que la moindre émotion colore, ses yeux bleus rêveurs, sa chevelure, de la nuance paille la plus délicate, et sa taille légère, bien prise, ne manquent ni de grâce ni de poésie. Aussi la vieille en est-elle fière, et quand la petite descend avec sa cruche à la rivière puiser de l'eau, n'oublie-t-elle jamais de lui dire :

« Redresse-toi, ma fille! les officiers te regardent! »

La petite Frida, plus jeune de trois ans, plus rondelette, est aussi fort agréable à voir.

Les deux sœurs ont la chance de ne pas ressembler à la vieille orfraie qui les a couvées.

Naturellement Wilhelm Gotthelf, depuis dix ans, s'est fait des amis dans la vallée ; les entrepreneurs de coupes, les marchands de bois qui, pendant les premiers mois de l'occupation, évitaient sa rencontre, se sont familiarisés peu à peu avec lui. On se donne maintenant des poignées de main, on chasse ensemble, on s'offre des chopes à l'auberge de la veuve Baptiste.

Oui! mais à deux kilomètres de la maison forestière se trouve, au détour de la vallée, le hameau du Graufthål : une trentaine de maisonnettes répandues le long du ruisseau de la Kritzmühle, de vieilles baraques couvertes de bardeaux, les murs décrépits, les lucarnes aux vitres ternes, éborgnées, les hangars vermoulus, encombrés de fagots, les portes de grange disjointes, où quelques éperviers, cloués pour le bon exemple, abandonnent leurs plumes à tous les vents.

Enfin un vrai nid de braconniers et de contrebandiers, dont quelques-uns même habitent sous les roches ; des êtres secs, hâves, la peau tannée, la tignasse hérissée, avec lesquels Gotthelf ne peut s'entendre et qui le regardent d'un œil louche.

« Ces gens-là, se dit le garde, sont capables de tout! »

Les vieilles femmes passent leurs journées à la chapelle du hameau, accroupies dans les petits bancs de sapin, et les jeunes, hardies, déguenillées, les pieds nus, aident les garçons à pêcher la nuit au flambeau et à tendre des lacets en forêt.

Dieu sait ce qu'ils détruisent de gibier et la quantité de bois qu'ils volent ; ils n'ont pas un pfenning à donner au gouvernement et payent tous leurs délits en nature, c'est-à-dire qu'ils mangent du pain noir et boivent de l'eau en prison aux frais de l'État.

Pas un seul de ces gueux ne veut servir dans les armées du roi de Prusse : tous, quand l'âge de la conscription approche, passent les Vosges et s'engagent en France.

Autrefois ils tressaient des chapeaux de paille et leurs filles faisaient de fort jolies broderies pour les fabricants d'Alsace; ils étaient bien payés, ils buvaient du vin, mangeaient de la viande et s'habillaient proprement. Mais, depuis l'annexion, tous sont à la ration congrue, et les filles, en haillons, entrent dans la rivière jusqu'aux hanches, pour en retirer des paniers d'écrevisses ou des filets sévèrement défendus ; et quand Gotthelf s'approche à la nuit, entre chien et loup, pour les surprendre, elles disparaissent au milieu des broussailles, sans qu'il soit possible de les arrêter ni même de les reconnaître.

Le pire encore, c'est que toute cette engeance a conservé le souvenir de l'ancien brigadier Frédéric Béhme et qu'elle crie en levant le poing d'un air de défi :

« Les Français reviendront !... Les Français reviendront !... »

Quelle calamité !

Deux véritables bandits, le contrebandier Hulot, et son beau-frère Jean Starck, surnommé « le grand charbonnier », inspirent à Gotthelf une extrême méfiance ; ces gens ont plus d'autorité au Graufthâl que toute la gendarmerie de l'empire germanique ; il faudrait les exterminer pour en avoir raison : c'est l'opinion intime du garde prussien, qui pense aussi que ni l'un ni l'autre ne vaudrait la corde pour le pendre.

Les deux beaux-frères vivent ensemble avec leurs femmes, Annette et Thérèse, sous une roche à mi-côte, où l'on monte par un sentier taillé dans le roc, en forme d'escalier.

Le rocher qui les abrite est en demi-voûte ; à sa base se creuse une cavité profonde, où les savants du pays croient encore reconnaître le sillage des vagues, remontant à l'époque des mastodontes et autres animaux antédiluviens.

Le devant de la caverne est fermé d'un mur, où l'on remarque trois petites fenêtres qui vous produisent l'effet de meurtrières.

La porte donne sur une étroite terrasse couverte de fumier.

Rien d'étrange comme cette retraite, qui vous rappelle les temps primitifs, où l'homme habitait encore des tanières.

Du reste, ceux qui vivent là ne paraissent guère civilisés, ils ne rentrent chez eux que de loin en loin : le contrebandier Hulot, après ses expéditions, tous les huit ou quinze jours, et Starck, les dimanches seulement, quand il vient assister à la messe, car le grand charbonnier passe les trois quarts de sa vie au bois.

Représentez-vous un gaillard de six pieds, en souquenille de laine grise et pantalon de toile, les pieds chaussés de souliers massifs à clous luisants, un immense chapeau de feutre noir aplati sur le dos et les épaules, la figure longue, osseuse, la tête pointue, le nez droit, les narines bien ouvertes, enfin une vraie tête de cheval : la tête des anciens Gaulois, dont parle César dans ses *Commentaires*.

Quand Starck rit, on croirait l'entendre hennir.

Cela ne l'empêche pas d'être le meilleur charbonnier de toute la montagne ; personne ne s'entend mieux que lui à disposer les bûches en meules, à les enduire d'argile pétrie avec de la mousse, pour fermer toute issue à la flamme, à ménager au-dessous un étroit conduit pour mettre le feu juste au milieu de la masse et à cuire le bois jusqu'à la dernière brindille, sans pertes ni fumerons.

Il n'a fait que cela depuis quarante ans, aussi les entrepreneurs veulent-ils tous l'engager, car son charbon est dur, ferme, sonore, et chacun y trouve son compte.

Wilhelm Gotthelf ne se serait jamais inquiété de Jean Starck, s'il n'avait deviné, dès les premiers jours, dans cet homme un ennemi personnel, chose du reste toute simple, car le grand charbonnier regrette son vieux camarade d'enfance, Frédéric Béhme, l'ancien brigadier-forestier chassé par les Prussiens.

Ils avaient été élevés ensemble au village de Henridorff et ne s'étaient quittés que pendant les années de service de Béhme, engagé dans le 2ᵉ régiment du génie.

A son retour, Frédéric ayant été nommé garde-forestier au Tommenthal, dans le triage même où travaillait Starck comme charbonnier, les deux vieux amis s'étaient embrassés avec attendrissement, heureux de pouvoir se rencontrer chaque jour en forêt.

Puis, quand l'heure des désastres avait sonné, Starck s'était trouvé là pour conduire sur sa charrette le pauvre mobilier de Frédéric au Graufthâl, avec la vieille grand'mère Anne ; plus tard, le brigadier expulsé, la grand'mère morte, il avait encore conduit la fille de Frédéric à son père, réfugié à Saint-Dié des Vosges, au delà des montagnes.

Son camarade l'avait toujours trouvé prêt, au moment du malheur, à lui tendre la main.

On peut s'imaginer, d'après cela, quels sentiments le grand charbonnier éprouvait à l'égard de Wilhelm : la prudence l'empêchait seule de les exprimer, mais son regard disait assez au garde prussien qu'il avait en Jean Starck un ennemi décidé.

Chaque samedi, en allant de sa charbonnière au Graufthâl, Starck s'arrêtait devant la maison du forestier pour la regarder, et Gotthelf comprenait très bien ce que signifiait ce coup d'œil.

Il signifiait : — Vous tous qui demeurez là-dedans, vous n'êtes que des voleurs !..... Vous avez dépouillé une honnête famille de ses biens acquis par le travail et l'économie ! Tôt ou tard, nous règlerons ensemble, et vous restituerez ce que vous détenez contre toute justice.

Un jour même, Gotthelf, le voyant là pour la vingtième fois, le feutre rabattu sur son échine et les deux mains croisées sur sa trique, lui avait crié :

« Que me voulez-vous ? Que faites-vous tous les samedis à la même place ? Est-ce que vous avez quelque chose à me réclamer ? »

Et Jean Starck, au lieu de lui répondre, s'était contenté de lui tourner brusquement le dos et de s'en aller en haussant les épaules, appuyé sur son bâton, d'un air de nonchalance affectée.

« Toi, se dit alors Gotthelf, tu ne penses qu'à l'ancien forestier, qui recevait si bien dans cette maison, qui t'offrait un verre de kirchenwasser quand tu passais et qui maintenant est là-bas, à Paris, dans les chemins de fer, à rêver au pays des verts sapins, des belles truites, des bons lièvres et des chevreuils. Vous tendiez sans doute des lacets ensemble : tu lui montrais les belles passes des bécasses en automne, et des grives après les vendanges d'Alsace. Tu voudrais le voir revenir ! »

Et Gotthelf poussa un long éclat de rire moqueur, espérant que Starck se retournerait et le menacerait de son bâton, ce qui naturellement lui aurait permis de dresser un procès-verbal en règle contre le charbonnier.

Mais Jean Starck poursuivit son chemin sans se retourner, et le garde prussien en conçut une grande méfiance, car les gens qui ne disent rien, qui ne s'emportent pas et conservent toujours leur sang-froid sont dangereux.

Wilhelm Gotthelf ne se trompait pas au sujet de Starck. Cet être rude, élevé en pleine forêt, avait un grand sentiment de justice native, que le triomphe de la force sur le droit révoltait profondément.

Voilà pourquoi le charbonnier s'arrêtait devant la maison du garde ; il ne pouvait concevoir la tranquillité d'une famille étrangère occupant la propriété d'un honnête homme indignement dépouillé du fruit de son travail.

Cela lui semblait la négation de Dieu lui-même, et cette pensée le suivait jusque dans sa charbonnière ; elle ne le quittait jamais.

Une fois assis devant son petit feu, près des meules de bois qu'il avait construites et dont il surveillait la combustion lente pendant des semaines, la maison forestière, telle qu'il l'avait connue dans des temps plus heureux, et telle qu'il la voyait maintenant, habitée par des intrus, était présente à son esprit.

Sa façade blanche, son treillis tapissé de vigne, sa toiture dominant la sapinière, la porte où dormaient au soleil les deux chiens de chasse, l'un prussien et roux, l'autre français, brun tacheté de blanc, — le pauvre Ragot, parti pendant l'invasion avec Calas, le hardier de la maison forestière, et revenu plus tard au gîte par habitude, et que Wilhelm avait accaparé comme le reste ; — les petites lucarnes, le vieux pont et son ombre sur la rivière, la flottille de canards suivant le fil de l'eau, tout était là comme peint devant ses yeux.

Starck se disait :

« Ces gens ont tout pris ! Ils mangent, boivent et rient à nos dépens, chez nous, comme s'ils étaient chez eux ; leurs filles chantent des cantiques, leurs enfants courent piper nos mésanges, la vieille jette du grain aux poules dans la basse-cour, elle lève les œufs au bûcher, et le grand Prussien ose s'appeler garde-forestier du Tommenthal !

« Il pêche aux meilleurs endroits, sous la vanne des moulins et des scieries ; tout est à lui... tout ! Jusqu'à l'argent des pauvres gens qu'il rencontre un fagot sur l'épaule, et qu'il dépouille de leur dernier liard. »

Ces idées se pressaient en foule dans sa tête, elles le troublaient.

Et le matin, au premier chant du coq remontant des villages, aux premières notes de la haute grive saluant la venue du jour, quand les vallées sont encore dans les ténèbres, il s'éveillait dans sa hutte, jetant un regard pensif autour de lui, écoutant tomber la rosée, dont le bruit monotone remplissait la forêt, et murmurait :

« A cette heure, autrefois, le brigadier

Frédéric arrivait dans la charbonnière ; il me touchait l'épaule et me disait tout bas :
— Tu dors, grand charbonnier ? — Il riait. Nous nous donnions une solide poignée de main, il tirait sa petite pipe de sa poche et s'asseyait un quart d'heure à côté de moi.

« Oui ! c'est vrai, nous fumions ensemble comme de vieux camarades.

« Et maintenant !... Maintenant, l'autre, avec sa veste grise, son chapeau garni d'une plume de coq et son fusil sur l'épaule, siffle les chiens ; il commence sa tournée gaiement, après avoir pris un verre de kirchenwasser à la place de Frédéric Bœhme, mon vieux camarade. »

Dans ce rêve, Starck croyait entendre au loin marcher Gotthelf, aboyer ses chiens au fond des taillis, et, sans le vouloir, son gros poing noir saisissait la trique couchée près de lui ; sa tête se retournait lentement, prêtant l'oreille, et qui l'aurait vu dans ce moment, les sourcils froncés, les mâchoires serrées, aurait frémi.

Puis, après avoir bien écouté :

« Ce n'est rien, se disait-il. Non... il n'arrivera pas ! C'est un écureuil qui galope dans les feuilles pour aller boire à la source ; c'est une compagnie de gélinottes qui courent dans les chaumes. »

Et, laissant retomber son bras, il se reprenait à rêver.

Et bientôt toute la belle vie d'autrefois s'épanouissait de nouveau devant lui :

C'était Catherine, la femme du brigadier, allant et venant dans la maison forestière, rangeant les fruits dans son fruitier en automne, descendant au pré pour hâter le chargement des foins à l'approche d'un orage ; il la voyait et pensait : — La brave femme ! se donne-t-elle de la peine !

Puis Marie-Rose, encore enfant, souriait au grand charbonnier. De sa fenêtre elle l'appelait, lui faisait signe de venir et criait :

« Viens donc, grand charbonnier, cette nuit nos petits poulets sont sortis des œufs... Arrive ! Regarde comme ils courent ! Et la poule, comme elle les appelle !... comme elle étend ses ailes pour les couvrir !... Oh ! que c'est beau !... Arrive !... Regarde ! »

Et il montait les trois marches de la basse-cour. Il regardait et disait :

« Oh ! oui, Marie-Rose, c'est bien beau... C'est le bon Dieu qui a fait cela. »

Il se baissait, il prenait l'enfant sur son bras pour l'embrasser, tandis que la grand'mère Anne s'avançait sur la porte en s'écriant :

« Vous n'entrez donc pas, Jean ? Vous savez que le cruchon de kirsch est toujours là dans l'armoire, qui vous attend. »

Mais il aimait mieux vider son petit verre avec le brigadier, et répondait :

« Ce soir, grand'mère... ce soir, j'entrerai... La charbonnière est loin... je suis pressé... Je reviendrai quand le brigadier Frédéric sera là ! »

Et il suivait son chemin, tout content, grimpant entre les roches du Fâlberg, en sifflant comme un merle.

Mais, tout à coup, l'idée de l'autre, du Prussien, de ses enfants et de la vieille au nez crochu lui revenait. Et le ciel du matin, si beau tout à l'heure avec ses teintes pourpres, ses chants d'oiseaux, semblait se couvrir d'un nuage.

« Maintenant, pensait-il, ce Poméranien a fait son tour, il a visité tout le triage du Tommenthal, il a peut-être du gibier dans son sac, il est content, et sa vieille Hedwige l'attend ; elle a préparé une bonne soupe au fromage ou au lard, pour lui réchauffer l'estomac.

« La soupière fume au milieu de la table, et toute la famille du Prussien, les petits et les grands, sont assis autour, les yeux ronds, la bouche ouverte.

« Il entre ; il met son fusil au râtelier et dit en riant :

« — Hé ! hé ! j'ai fait bonne chasse ce matin. Tiens, Lina, va pendre ça dans le garde-manger... Cette après-midi, j'irai voir à Saverne M. l'inspecteur Von Kalb ; il me demande depuis longtemps un coq de bruyère... En voici un beau ! — Regardez-moi ce gaillard-là !

« Et il tire de sa gibecière un coq superbe... Toute la famille crie, lève les mains.

« Les petits sortent de leur banc pour mieux voir le bel oiseau vert et or, les ouïes pourpres, les pattes noires, une goutte de sang au bout du bec... ils le caressent de leurs petites mains, et Lina demande à son père une de ses belles plumes pour la mettre à sa toque.

« Gotthelf en choisit deux des plus belles et les tire de la queue ; il les donne à ses filles en disant :

« — À cette heure, embrassez-moi !

« Elles l'embrassent.

« Puis tout le monde s'assoit gaiement et mange de bon appétit. »

Starck voyait ces choses en rêve, il ne pouvait s'empêcher de trouver les filles du

Puis, allumant sa pipe... (Page 10.)

garde-forestier fort belles, surtout Lina avec ses yeux bleus et ses cheveux blonds; la petite Frida, un peu plus ronde, plus éveillée, lui paraissait aussi fort jolie. Mais combien la pauvre Marie-Rose lui paraissait encore plus gracieuse, combien ses yeux lui paraissaient plus doux, son sourire plus tendre, sa taille plus légère, sa voix plus touchante!

Et elle était morte, celle-là! Morte de désespoir dans une chambre d'auberge nue et froide, loin du pays, épuisée de chagrin, et enlevée par la terrible nouvelle que son brave fiancé, Jean Merlin, était resté sur un champ de bataille.

Et la pauvre grand'mère Anne aussi était morte!

Et l'honnête brigadier Frédéric, son plus ancien camarade, banni par les Prussiens, était là-bas, loin du pays natal, tout seul, dans un grenier de la Villette!

En songeant à ces choses, Starck frémissait; il trouvait la femme, les filles, les enfants de Wilhelm horribles; il aurait voulu pouvoir les exterminer.

Pour ne pas y penser, il se levait, jetait une brassée de bruyères sur son feu, allait, venait, avalait à sa cruche une gorgée d'eau-de-vie et finissait par se dire:

« Ça ne peut pas durer!... Dieu ne peut pas permettre de pareilles iniquités, il ne peut pas être avec les voleurs de pays, de forêts, de maisons, contre les honnêtes gens. Non, ce n'est pas possible. »

« Est-ce que tu as de l'argent ? » (Page 15.)

Il cherchait à se distraire en fendant quelques bûches ; mais, durant ces longues journées de solitude, les mêmes idées finissaient toujours par lui revenir : l'invasion des Prussiens, leur insolence après les premiers succès, leur rapacité sans bornes, leur fureur de domination, pliant tout à la force et vous criant : « Tu plieras ou je te casserai !.. »

Oui, et la mort de Baptiste, un autre de ses vieux amis ; Charles, son fils, forcé de fuir pour ne pas servir dans l'armée des meurtriers de son père ; la veuve, au milieu des barbares qui avaient saccagé sa maison et qui voulaient même la réduire en cendres... Que sais-je ? Tout... tout indignait cet homme primitif, rude, à demi sauvage, mais humain et généreux.

C'est pourquoi Wilhelm Gotthelf avait raison de ne pas se fier à lui, d'autant plus que Starck ne perdait pas courage et comptait sur un retour de la fortune.

La femme du grand charbonnier, Annette, sœur de Hulot, le contrebandier, n'était pas propre à changer les idées de son mari sur la race des conquérants, car elle les détestait autant que lui.

Cette femme, petite, brune, les yeux vifs, une vraie Lorraine des Vosges, était attentive à tout ce qui se passait dans la vallée.

A la fin de chaque semaine, un grand panier au bras, elle partait porter ses provisions à Starck et n'oubliait pas en passant d'observer les Prussiens.

Elle avait l'œil clair, et, tout le long du

chemin, elle voyait ce qui méritait d'être vu.

Dès son arrivée à la charbonnière, elle disait : « C'est moi, Jean ! » en déposant son panier près du feu.

Starck, toujours pensif, se retournait ; elle s'asseyait près de lui, énumérant ce qu'elle apportait.

« Voici le pain, voici le beurre, le sel, le poivre, les oignons... voici la cruche d'eau-de-vie.

— C'est bon, disait-il, porte tout ça dans ma hutte et ferme bien le coffre. »

La chose faite, elle revenait avec son panier vide et la conversation commençait, comme au retour d'une reconnaissance à l'ennemi.

« Qu'est-ce qui se passe, Annette ? Est-ce qu'il y a du nouveau depuis huit jours ?

— Il se passe que les garçons du Graufthâl, Joseph Bertha, Chrétien Wéber et Jacques Nordmann, ont reçu l'ordre, lundi dernier, de rejoindre leur régiment à Strasbourg : et tous les trois ont pris aussitôt le chemin de la France, chacun de son côté, pour passer la frontière plus facilement. Chrétien Wéber, qui s'était arrêté deux minutes au bouchon de la Haute-Montée, s'est sauvé par une fenêtre en voyant arriver les gendarmes. Ils ont tiré dessus et par bonheur ils l'ont manqué. Depuis cinq jours, les gens du Graufthâl vont voir la trace des balles le long du mur.

— Qu'est-ce que dit le père Wéber ?

— Rien... mais sa femme, la grande Rosalie, lève le poing au ciel et crie : — Attendez ! attendez ! ce n'est pas fini, les gueux payeront tout à la fin.

— C'est clair, disait Starck, nous aurons un compte à régler ensemble, et ce ne sera pas une petite affaire. »

Puis, allumant sa pipe :

« Il n'y a rien d'autre, Annette ?

— Oh ! nous ne sommes pas au bout. L'autre jour, l'*Einnehmer*[1] de Saverne nous a prévenus que les impôts seront augmentés sur le vin, sur le sel, sur le tabac, sur le café, sur tout ce qui se boit et ce qui se mange, excepté sur l'eau-de-vie prussienne, qui reste à neuf sous le litre. Tout va coûter le double, dit l'*Einnehmer*, il faut de l'argent à l'empereur Guillaume pour payer ses armées. Les pauvres gens ont encore trop d'argent en Alsace-Lorraine, le peuple est encore trop fier : il ne salue pas assez bas les employés de Bismarck ; quand nous serons tous ruinés, personne ne relèvera plus la tête.

— On se couchera sur le ventre comme les Allemands devant les Prussiens, disait Starck en riant et clignant de l'œil. Qu'ils comptent là-dessus. »

Puis, au bout d'un instant de silence :

« Et le curé Daniel va toujours bien ?

— Oui, Jean... il prêche de prier la Sainte Vierge et tous les saints d'éclairer notre seigneur le grand chancelier.

— De l'éclairer, lui ! s'écriait le charbonnier. Est-ce qu'il ne voit pas clair ? Est-ce qu'il ne nous prend pas pour des bêtes ? Est-ce qu'il n'a pas raison ? Non ! c'est nous que les saints doivent éclairer, car nous en avons besoin. Mais les Prussiens s'en chargent ; plus on nous écorche, plus nous voyons clair, le bon sens nous vient tous les jours. Va, va, dis-moi tout, Annette. Ah ! les bandits... en ont-ils des vols, des coquineries et des crimes sur la conscience ! »

Et la brave femme poursuivait d'un air d'attendrissement :

« Tu te rappelles le fils de Frantz Didelot, qui s'est sauvé l'année dernière de la conscription ? Il a voulu revoir sa fiancée, Bével Lienhart, au hameau des Trois-Maisons ; les gendarmes l'attendaient dans la grange, et, comme il arrivait à la nuit, ils l'ont empoigné sans résistance à cause de sa surprise. Maintenant il est dans un régiment de l'autre côté du Rhin, et sa mère, la vieille Christine, reçoit lettre sur lettre de son garçon, qui lui demande quelques liards pour s'acheter du pain, car il n'en peut plus ; tous ceux qui servent là-bas dépérissent à force de se serrer le ventre. Tu sais que Mathias Hammer est déjà mort de faim à Rastadt. La mère Christine ne peut rien envoyer : on mendie au Graufthâl pour le pauvre Frantz. J'ai aussi donné quelques pommes de terre à son intention.

— Ça lui apprendra à se laisser prendre, disait Starck de mauvaise humeur ; est-ce qu'il ne pouvait pas écrire à Bével de venir le trouver en France ? On n'aurait pas arrêté Bével à Lunéville, à Saint-Dié ou ailleurs. Ce garçon a toujours été le plus bête du village ; il n'était fort que sur le catéchisme ; M. le curé Daniel l'élevait aux nues... Ça lui sert de grand'chose son catéchisme, maintenant !... Il n'a qu'à le réciter au caporal *schlague* pour l'attendrir. »

Ainsi causait le charbonnier avec sa femme ; puis elle retournait au Graufthâl, et Jean se remettait à rêver.

---

[1]. Le percepteur.

Il était là dans ses broussailles, seul, et ne voyait de loin en loin que des fonctionnaires prussiens, des entrepreneurs prussiens, des marchands de bois, presque tous prussiens, ce qui le rendait fort mélancolique et le faisait penser quelquefois à prendre le chemin de l'Amérique, comme tant d'autres. Mais Annette Hulot n'entendait pas de cette oreille.

— Que les Prussiens partent, disait-elle ; nous autres, nous sommes chez nous ; la terre, les maisons, les arbres, les rochers, sont à nous de père en fils, depuis des centaines d'années. Sois tranquille, Jean, les Français reviendront ! Tout ce tas de gens qui nous volent, qui nous grugent, sera balayé. N'aie pas peur. Nous verrons cela, je te le dis, et l'on nous rendra tout, tout jusqu'au dernier centime !... Il ne faut pas perdre courage, ceux qui tiennent le plus longtemps restent toujours les maîtres. »

Ces paroles calmaient un peu l'indignation du grand charbonnier et lui faisaient prendre patience.

II

Or, l'année dernière, de grandes coupes ayant été pratiquées au Fälberg, précisément au-dessus de la belle route dont nous avons parlé, Starck était chargé d'en convertir en charbon le bois de bouleau et de charme.

Il campait donc au milieu des genêts et des ronces, sur le plateau qui domine cette route, et surveillait trois meules énormes, dont le sommet laissait à peine échapper un peu de fumée, annonçant que la combustion touchait à sa fin.

Les choses en étaient là, quand un matin il entendit arriver au loin une voiture qui montait la côte.

Ce ne pouvait être la charrette d'un bûcheron, car elle trottait, et puis un bourdonnement de paroles et d'éclats de rire se mêlait au bruit des grelots.

Starck, curieux de voir qui pouvait arriver de Dosenheim ou de Metting par la vallée à cette heure matinale, s'avança parmi les broussailles, jusqu'au-dessus de la route et regarda.

Les premières lueurs du jour perçaient le feuillage ; quel ne fut pas son étonnement de reconnaître d'abord la voiture du meunier Reuber, conduite par son garçon Zaphéri : une grande voiture alsacienne à longues échelles attelée de quatre chevaux, et où quelques bottes de paille font l'office de banquettes.

Mais ce qui le surprit bien plus encore, ce fut de voir sur la voiture toute la famille de Wilhelm Gotthelf : le garde seul ne s'y trouvait pas, étant sans doute retenu par son service.

Toute la nichée était là, pressée, entassée : Hedwige et Frida devant, Lina et un *feld-wébel* du régiment de Brunswick en grande tenue au milieu, puis Rodolphe, Otto, Wilhelm et Klodwig, riant, se parlant d'un air de bonne humeur comme des gens en partie de plaisir.

Zaphéri conduisait en postillon : il avait mis son bonnet de coton des grandes cérémonies et sa blouse neuve, et faisait claquer son fouet en criant : « Hue ! Rappel !... Hue ! Fox !... Hue ! »

Voilà ce que vit le grand charbonnier à cent pas au-dessous de lui.

Qu'est-ce que ces gens allaient faire à Saverne et que signifiait ce *feld-wébel* causant familièrement avec Lina, dont il tenait la main et qui lui souriait timidement ?

C'est ce que Jean Starck se demandait.

Devant le charbonnier, à ses pieds, se penchait sur le talus un quartier de roc énorme, dont la chute aurait écrasé tout ce monde. Ses yeux s'y fixèrent, il pâlit... puis le sentiment de l'honnête homme prenant le dessus, il regagna sa charbonnière à grands pas, les traits agités.

« C'est bon pour des Prussiens d'écraser des femmes et des enfants, se disait-il. Toi, Jean, que Dieu t'en préserve ! »

Il se rassit près de sa hutte et ralluma sa pipe, rêvant longtemps à la terrible tentation qu'il venait d'avoir.

Vers le soir, quand Annette, son panier au bras, parut au fond d'une clairière, il y rêvait encore.

Les traits d'Annette semblaient plus animés que d'habitude ; elle avait sans doute d'importantes communications à lui faire, et son premier soin, en arrivant près du charbonnier tout sombre et méditatif, fut de lui dire :

« Eh bien, Jean... la fille du Prussien, la belle Lina, se marie avec un *feld-wébel* du régiment de Brunswick, le *feld-wébel* Walter, qui bientôt aura son congé et qui remplacera un jour le beau-père Wilhelm. En attendant, il aura la place du forestier Wéber, près de Dosenheim. On ne parle que de ces choses, au Graufthäl. Ce matin, toute la famille est partie pour Saverne, acheter les robes de noce, les schâls, les pendants d'oreilles, les bagues et le reste. »

Starck, se rappelant que Marie-Rose devait épouser un beau et brave garçon, Jean Merlin, auquel la place de Frédéric Bôhme, au Thommenthal, était promise, s'assit, la tête penchée, sans répondre.

Quels contrastes épouvantables vous offre souvent l'existence en ce monde! Aux uns, toutes les joies, toutes les satisfactions de la vie ; aux autres, toutes les misères, et cela sans raison, sans justice, par le seul fait du sort. Notre esprit s'y perd.

« Tout cela, disait Annette, je m'en doutais depuis longtemps ; le *feld-wébel* arrivait tous les dimanches en grande tenue, avec trois ou quatre de ses camarades, à l'auberge de la veuve Baptiste, et de là, sous la tonnelle, en ayant l'air de boire des chopes avec les autres, il tournait des yeux langoureux vers la maison du forestier.

« Alors Lina, toute rose, descendait à la rivière avec sa cruche ; elle courait, elle sautillait, et la vieille lui criait de la porte :

« — Dépêche-toi, mon enfant, la table est mise! On n'attend plus que de l'eau fraîche pour remplir la carafe.

« Thérèse, qui mène par là ses chèvres le dimanche brouter le long du chemin, m'a raconté que, dans l'après-midi, les filles du garde se mettaient à chanter un cantique prussien, un cantique qui parle des pauvres pigeons amoureux forcés de quitter le colombier des vieux pour aller nicher ailleurs. Thérèse dit que cela vous faisait venir les larmes aux yeux. Lina aime beaucoup les cantiques, et le *feld-wébel* les aime aussi. Tant et si bien, qu'il a fini par la demander en mariage, et Gotthelf, avant de répondre, est allé voir à la commandature de Phalsbourg si le garçon aurait bientôt son congé.

« Il paraît que tout s'est trouvé comme il le souhaitait, et maintenant les publications sont faites, il ne s'agit plus que des noces.

« Le vieux pasteur Rebstock, de Neuwiller, est déjà prévenu : il viendra bientôt les bénir et leur dire, en pleurant, que l'homme et la femme sont créés par le Seigneur Dieu pour se marier et avoir beaucoup d'enfants. »

Annette ne manquait pas de malice ; elle aimait à rire de l'air grave des Prussiens, qui parlent toujours du Seigneur dans toutes leurs petites affaires, ce qui ne les empêche pas de penser avant tout à bien boire, à bien manger et à se mettre, comme on dit, du foin dans les bottes.

Elle voulait faire rire Starck ; mais il restait grave ; des pensées trop amères se présentaient à son esprit.

« Oh! mon pauvre vieux brigadier Frédéric, se disait-il, quel bonheur pour toi d'être loin d'ici! Si tu voyais la prospérité de ces gueux, venus on ne sait d'où, leurs familles qui s'augmentent, leurs filles qui se marient, leurs gendres qui deviennent gardes-forestiers dans toutes nos montagnes, leurs enfants qui s'engraissent, leurs employés qui s'enrichissent, quand nous autres nous devenons pauvres, misérables, malgré tout notre travail, que dirais-tu, mon pauvre vieux camarade? Est-ce que tu croirais encore à la justice, au bon droit, à toutes ces belles choses qu'on nous raconte dans l'enfance? Oh! misère! Pour gagner, pour avancer, il faut se mettre à plat ventre, il faut se courber, il faut apprendre à voler, à se moquer de tout, en invoquant toujours le Seigneur, l'Éternel, le Souverain Juge. Ah! mieux vaut mille fois que tu sois loin de notre malheureux pays! »

Et, se rappelant tout à coup que la voiture allait repasser, il frémit des idées qui pouvaient lui venir, et s'écria :

« Annette, allons-nous-en! Retournons au Graufthâl ; depuis une demi-heure, je vois que la fumée des meules a cessé ; le bois est cuit, le charbon est fait. Demain, je viendrai le tirer des fours. Donne-moi ton panier et partons.

— C'est bon, dit Annette, étonnée de sa résolution subite, je le porterai bien moi-même. »

Et le charbonnier, après avoir jeté quelques pelletées de terre sur son feu de bruyères pour l'éteindre, enferma sa pioche et sa pelle dans la hutte, il ramassa son bâton et descendit le sentier d'un bon pas vers le Thommenthal.

Sa femme le suivait, trottant derrière lui en silence.

Ils eurent bientôt atteint le chemin sablonneux de la vallée.

Il était huit heures, les rayons du jour se retiraient un à un des sommets ; les hautes grives s'appelaient et se répondaient à la cime des sapins, saluant ces dernières lueurs.

Au delà du vieux pont, les fenêtres de la maison forestière, vivement éclairées, brillaient dans la nuit.

Starck et Annette aperçurent le garde debout sur le seuil, attendant le retour de sa famille.

Ils poursuivirent leur chemin vers le Graufthâl, dont les rares lumières ne tardèrent pas à se découvrir le long du ruisseau, qui les reflétait avec les étoiles.

Ils dépassèrent enfin les premières baraques et firent halte à la porte du cabaret de la *Pomme de Pin;* une vieille bâtisse décrépite, précédée d'un hangar tout hérissé de fagots dans l'ombre ; quelques filets, des nasses, des verviers pendaient aux murs ; trois petites fenêtres à fleur de terre et la porte de la cuisine, ouverte au large, éclairaient l'entrée de l'établissement où Starck et sa femme avaient l'habitude de se reposer quelques instants avant de monter à la roche.

Ils entrèrent.

« Hé ! bonsoir, grand charbonnier, s'écria la fille du cabaretier, en train de faire bouillir la marmite, vous arrivez plus tôt qu'à l'ordinaire.

— Oui, Sophie, dit-il en poussant une petite porte à gauche et se courbant pour entrer dans la salle : apporte un carafon d'eau-de-vie, mais pas du *spritz* des Prussiens ! de la bonne eau-de-vie blanche, tu m'entends ? pas du poison !

— Soyez tranquille », répondit la jeune fille, en allumant une lampe sur l'âtre et descendant à la cave.

Starck alors voyait ses vieux camarades Diderich, Koffel, son beau-frère Hulot et sa propre sœur Thérèse réunis dans un coin autour d'une table.

Les hommes jouaient aux cartes, la femme regardait.

Les poings s'abattaient sur la table comme des coups de massue.

« Du carreau !... du trèfle !... coupe ça, Hulot ! et ça !... »

Toute la masure en tremblait.

« Hé ! voici le charbonnier, dit Hulot... Ma foi ! on ne t'attendait pas encore. Faites place, vous autres. Allons, Thérèse, dérange-toi pour ton frère. »

Starck aimait à se reposer dans ce trou sombre ; il s'assit au bout du banc, allongeant ses jambes sous la table. Annette posa son panier à terre, près du fourneau ; un grand chien, qui vint flairer autour, reçut un coup de pied pour sa récompense ; en même temps, Sophie remontait de la cave et déposait un carafon d'eau-de-vie en face du charbonnier.

« C'est de la vraie, celle-là, dit-elle, de l'eau-de-vie de France, on n'en meurt pas !

— Non ! fit Hulot, j'en réponds : elle vient du Midi. »

Hulot était un homme de taille moyenne, carré, trapu, le front large, les tempes grisonnantes, la barbe courte et dure ; le vrai type vosgien. Annette et lui se ressemblaient ; sauf l'énergie virile, on ne voyait guère de différence entre le frère et la sœur.

Hulot avait servi dans le 2ᵉ régiment du génie avec Frédéric Béhme, son ancien sergent, et comme Starck, il l'avait beaucoup aimé.

Depuis l'annexion du pays à l'Allemagne, Hulot s'était mis à faire la contrebande de l'eau-de-vie de France.

Les gendarmes allemands le connaissaient et les douaniers encore mieux : il leur était signalé comme un contrebandier fin et hardi.

Son fils aîné, François Hulot, aubergiste à Raon-sur-Plaine, et lui, s'entendaient à merveille, et, quoique Hulot approchât de la soixantaine, il n'avait rien perdu de sa vigueur, de son jarret, de son coup d'œil ni de son audace.

Combien de fois n'avait-il pas entendu les gendarmes prussiens lui crier « Halte ! » dans les sentiers de traverse du Donon ou du Schnéeberg !

C'était un coup de fouet qui lui faisait allonger le pas au lieu de l'arrêter ; les balles alors sifflaient autour de lui, sa blouse en avait été percée plus d'une fois : les gendarmes prussiens ont ordre de tirer quand on n'obéit pas à leurs sommations, et ils tirent !...

Hulot s'en moquait ; seulement, si les gendarmes s'étaient trouvés à portée de son bâton ferré, je crois que le démêlé serait devenu plus sérieux. Hulot avait une prédilection particulière pour l'arme blanche, qui n'a jamais été du goût de nos adversaires.

Enfin, quoi qu'il en soit, Starck, dès son entrée, s'aperçut que le beau-frère avait quelque chose à lui communiquer, car au lieu de poursuivre sa partie, il remit ses cartes à son voisin, en lui disant :

« Joue pour moi. J'en ai bien assez. »

Une sorte de tristesse se lisait dans le regard du contrebandier, un sentiment pénible qui ne lui était pas habituel ; et Starck avait à peine vidé son premier verre d'eau-de-vie, que Hulot, promenant un coup d'œil rapide autour de la salle, dit :

« Nous sommes seuls, entre nous... personne ne viendra nous dénoncer. Allons, vous autres, laissez-là votre partie... J'ai quelque chose sur le cœur, il faut que je parle. »

Et, jetant son gros bonnet sur la table, il repoussa brusquement de son front son épaisse chevelure grise.

Les autres le regardaient étonnés, car dans toutes les circonstances, même les plus graves, Hulot conservait son calme.

Starck pensa qu'il allait être question du mariage de la fille du Prussien, mais il se trompait.

« L'autre jour, avant-hier, dit Hulot, j'étais à Raon-l'Étape, chez mon camarade l'aubergiste Martin; nous avions à passer un gros chargement de cognac; tout était prêt, nous n'attendions plus que l'avis d'un de mes hommes, envoyé pour savoir au juste où les douaniers nous attendaient, afin de prendre un autre chemin.

« Et comme je me trouvais là sur le qui-vive, des rouliers entrent à l'auberge; vous savez, le gros Jozon et son fils Ferdinand, qui demeuraient dans le temps à Moutzig et qui maintenant font leur commerce là-bas, du côté de Remiremont.

« Jozon entre, il me reconnaît, on se donne la main, on cause des affaires, et tout à coup il me dit :

« — Ah çà ! Hulot, savez-vous que votre ancien brigadier Frédéric est depuis quinze jours à Saint-Dié, chez la mère Ory, et qu'il retourne au pays?

« Là-dessus, j'écoute.

« — Au pays, lui dis-je; mais est-ce qu'il a son permis de séjour? Vous n'avez pas oublié, Jozon, qu'il est banni de chez nous, à cause de son refus de serment, et que.....

« — Oui ! oui ! dit Jozon, il a le permis, il peut rentrer, il n'attend plus que l'occasion de rentrer. Mais il lui faut quelqu'un pour le conduire.

« — Pour le conduire ! Est-ce qu'il ne connaît pas le chemin aussi bien que vous et moi?

« — Ah ! dit Jozon, c'est qu'il est devenu aveugle !

« — Aveugle ! le vieux brigadier Frédéric, mon vieux sergent... mon vieux camarade... aveugle? Ce n'est pas possible.

« — Que voulez-vous, Hulot, à force de chagrin... vous comprenez : d'avoir tout perdu, sa femme, sa fille, son pays, sa maison, sa place, tout ! Il paraît que le chagrin peut vous déranger la tête, vous rendre fou, aveugle.

« — Mais vous l'avez vu au moins, pour me raconter des choses pareilles?

« — Oui ! je l'ai vu; il est là, le pauvre homme, dans un fauteuil de bois, près du fourneau, tout seul; les gens entrent, sortent, vont, viennent, causent; il ne bouge pas et rêve toujours. La mère Ory m'a raconté qu'il s'assoit là tous les matins jusqu'au soir, pour entendre parler le monde, car il n'aime plus d'être seul, comme dans son grenier à Paris. La vieille Ory lui a donné une petite chambre au troisième, il mange avec les gens de l'auberge... presque rien... il ne demande que de trouver un conducteur.

« — Mais il pourrait prendre le chemin de fer jusqu'à Lutzelbourg, et de là...

« — Non ! il veut retourner à pied, par le chemin que sa fille Marie-Rose a suivi. Que voulez-vous ! dit Jozon... des idées de malheureux; à force de misères, on se fait des idées. Il pense : « Ma fille a passé là... et là... Je veux aussi y passer, m'arrêter aux mêmes endroits qu'elle; ça me rappellera le temps où j'étais heureux, où j'avais une fille ! » Voilà déjà plusieurs fois qu'il s'est fait conduire au cimetière; il s'agenouille près de la croix qu'on lui dit être celle de Marie-Rose, il la touche, et puis il s'en va.

« — Et vous lui avez parlé?

« — Non... vous sentez bien, Hulot, que moi... voyant cet homme aveugle, la tête toute blanche, presque chauve, avec les joues rentrées et le teint pâle... vous sentez que je n'avais rien à lui dire. Et s'il m'avait demandé de le conduire au Graufthal, j'aurais été embarrassé de le refuser. J'ai même prévenu la mère Ory de ne pas lui parler de moi, car il n'aurait eu qu'à me faire appeler, et j'aurais été forcé, comme une ancienne connaissance, de lui demander de ses nouvelles. »

Pendant que Hulot parlait, toutes ces figures penchées autour de lui se regardaient consternées : Thérèse joignait les mains; Starck, pâle comme un mort, frémissait : personne ne murmurait un mot, et le contrebandier lui-même avait fini par se taire, comme saisi de ses propres paroles.

« Vous pensez bien, reprit-il au bout d'un instant, que ma première idée, en apprenant ce malheur, a été de courir chercher mon vieux sergent et de le ramener au pays. Mais justement les marchandises allaient partir, j'étais engagé de les faire passer cette nuit même, et puis Martin arrivait en criant : — Vite ! vite ! il n'y a pas de temps à perdre.

« Ce n'est pas une petite affaire de trouver le bon moment; si l'on était pris comme un maladroit, l'amende vous ruinerait... Après cela, vous seriez signalé; plus moyen de continuer le commerce ! On aurait toujours des espions à ses trousses, et ceux qui vous aident en sous-main ne se fieraient plus à vous.

« Enfin, cinq ou six jours de plus ou de moins ne feront pas grand'chose; aussitôt que mes affaires seront en ordre, j'irai et...

— Non, dit Starck en se levant, c'est moi qui veux y aller. Je ne veux pas attendre jusqu'à demain... Je pars tout de suite. »

Et d'une voix étouffée :

« Mon pauvre Frédéric ! dit-il. Oh ! si j'avais su ça plus tôt, tu serais ici depuis huit jours, et l'on te serrerait la main... Tu entendrais des amis... Oh ! malheur... pourquoi n'ai-je pas su cela !... »

Puis, se tournant vers Diderich, le bûcheron :

« Kasper, le charbon est fait, lui dit-il, il ne reste plus qu'à le tirer des fours... tu me promets d'y aller demain ?

— Oui, Jean, je m'en charge.

— C'est bon, » dit le grand charbonnier en prenant son bâton derrière la porte.

Et comme il allait sortir :

« Est-ce que tu as de l'argent ? lui cria Hulot.

— J'ai quatre francs et quelques sous.

— Voici vingt francs, dit Hulot ; le brigadier peut en avoir besoin... tu comprends... »

Starck mit les vingt francs en poche et sortit.

On l'entendit remonter la ruelle sombre, et le bruit de ses pas s'étant perdu au loin :

« Je suis fâché de ne pas y être allé le premier, dit Hulot, mais je ne pouvais pas. En marchant toute la nuit, demain Starck aura passé la montagne, et, vers cinq ou six heures du soir, il verra le brigadier. Vont-ils s'embrasser !

— C'est égal, disait Thérèse, à ta place, Hulot, j'y serais allé tout de suite.

— Toi ! fit le contrebandier en vidant son verre, tu es comme ton frère : pourvu que vous suiviez votre idée, le reste ne vous regarde pas ! Les Prussiens, s'ils m'enlevaient avec un chargement, riraient trop, ils ne me relâcheraient plus, et tu serais bien avancée, n'est-ce pas, si je ne revenais plus au Graufthal ? Allons ! arrive, grande bête ! Je ne t'en veux pas tout de même ; si j'avais pu, j'y serais allé. Tiens, Sophie, voilà ton compte. »

Hulot et sa femme sortirent pour monter à la roche ; Annette les suivit toute pensive.

Les autres s'en allaient un à un, raconter dans leurs baraques ce qu'ils venaient d'apprendre. Le lendemain, tout le Graufthal savait que Frédéric Behme, aveugle, allait revenir, et qu'il demeurerait sous les roches avec ses vieux camarades Hulot et Starck.

Cette nouvelle ne devait pas réconcilier les braves gens avec Wilhelm Gotthelf et sa nombreuse famille.

III

Il paraît que Starck ne s'arrêta guère en route, car le lendemain soir, vers six heures, comme son beau-frère l'avait prévu, il remontait la grande rue du faubourg de Saint-Dié et faisait halte devant l'auberge de la mère Ory.

Cette longue course ne semblait pas l'avoir fatigué ; il était là, ferme et calme, regardant l'enseigne, son large feutre penché sur les reins et son énorme bâton au poing, comme dans les forêts du Fålberg.

C'était un beau jour d'août ; quelques passants regardaient ce colosse, se demandant ce qu'il cherchait.

Après avoir reconnu qu'il ne se trompait pas de maison, Starck entra.

La salle était déserte, une nappe de lumière la traversait, toute fourmillante d'atomes : une vieille femme, la grand'mère Ory, tricotait près d'une fenêtre au fond ; le silence était absolu.

Starck vit ces choses en entrant ; il cherchait des yeux le brigadier et finit par l'apercevoir derrière le fourneau, assis dans un fauteuil de bois, mais si maigre, les tempes si dégarnies, les joues si creuses et l'air tellement grave et rêveur, qu'il eut de la peine à le reconnaître.

Alors, malgré la résolution qu'il avait prise en chemin de ne pas lui dire tout de suite : « C'est moi ! » pour ne pas le frapper, le cri « Frédéric ! » s'échappa de sa poitrine.

Et aussitôt le brigadier se redressa en criant :

« Jean ! »

Ils étaient dans les bras l'un de l'autre. Ils se tenaient tout pâles, et la grand'mère Ory les regardait dans la stupeur.

Ils ne se lâchaient plus, on aurait dit qu'ils voulaient s'étouffer, et seulement à la fin le vieux brigadier dit :

« C'est toi !

— Oui, c'est moi, répondit le grand charbonnier... C'est moi !... J'arrive du Graufthal... Je suis parti hier soir, aussitôt que j'ai su ton malheur. »

Alors ils se lâchèrent, et le vieux forestier se rassit, tremblant comme une feuille, en disant :

« Voilà le seul bon moment que j'aie eu

« Je ne te verrai plus!... » (Page 16.)

depuis dix ans. Ah! Jean, quel bonheur je viens d'avoir en entendant la voix d'un vieux camarade... d'un ami de chez nous!... Mais ne me lâche pas, tiens-moi la main que je sente que tu es là, car je ne peux plus te voir... Je ne reverrai plus les anciens du pays... ni les roches... ni les sapins... ni les montagnes... c'est fini pour toujours... je suis aveugle... »

Sa voix devenait déchirante.

Pourtant, à la fin, s'arrêtant, il dit avec une expression d'attendrissement :

« Je ne te verrai plus!... Mais je te sens à côté de moi... je tiens ta main! Oh! mon vieux camarade, c'est toi... Je ne me trompe pas. »

Starck, qui n'avait pas versé une larme depuis son enfance, en entendant cela, suffoquait et ne pouvait répondre... Il finit par murmurer :

« Allons... allons, Frédéric... voyons... ne parle plus de ces choses, puisque je suis là... puisque je suis venu pour t'emmener au Graufthâl!... Les autres t'attendent... ils vont être bien contents de te revoir, car tous, depuis ces dix ans, pensent à toi, tous t'aiment... Tu seras au milieu de nous, comme l'ancien père Bruat, dans sa vieillesse, qu'on respectait et qu'on appelait « le grand-père Bruat! » comme s'il avait été le grand-père de toutes les familles. Tu seras comme lui, Frédéric! Et puisqu'on ne peut pas revoir ceux qu'on a perdus, ceux que l'on aimait et qui vous aimaient... Eh bien, mon Dieu! au moins tu ne seras plus seul. Et puis notre tour viendra...

« Que cette jeune fille chante bien!... » (Page 19.)

chacun aura son tour... les malheurs ne sont pas éternels! Pourvu qu'on soit aimé des braves gens. »

Ainsi parlait le grand charbonnier, avec ce sentiment profond qui part du cœur et qui touche plus que les beaux discours.

« C'est vrai, lui répondit enfin l'aveugle, le seul bonheur que je puisse encore espérer, c'est l'amitié des braves gens qui m'ont connu autrefois et qui savent que je n'ai pas mérité mes malheurs. »

Starck alors s'étant aperçu que d'autres personnes, des paysans arrivant de la ville, venaient d'entrer et les écoutaient, demanda d'être seuls pour causer à leur aise.

Une servante les conduisit à la chambre du vieux forestier, au troisième étage: une petite mansarde garnie de deux chaises, d'un lit et de la valise du pauvre homme ouverte sur la table.

Ils s'assirent bien tristes, et la servante étant descendue ils causèrent de tous les malheurs arrivés depuis la grande séparation.

« Je n'ai plus eu de repos, disait le forestier, je ne pouvais plus songer qu'à ma fille. J'avais bien de l'occupation au chemin de fer pour remplir mon service de surveillant à la gare de l'Est, mais toujours je me rappelais notre ancien bonheur et ma misère présente.

« Marie-Rose était toujours là, et Catherine, ma brave femme, et la grand'mère Anne.

« Quelle chance pour elles d'être mortes! Ah! que je voudrais être à leur place!

« Et quelquefois aussi, même pendant la

journée, j'entendais les cris de la grand-mère au moment de nous séparer : « Je ne vous verrai plus, Frédéric! Non! je ne vous verrai plus! » Et je pensais que ses bénédictions ne m'avaient servi de rien... que les bénédictions de pauvres gens sont inutiles... que la justice de Dieu, dont tout le monde parle, n'arrive jamais, et que, peut-être après la mort, les gueux, les bandits impitoyables auront encore et toujours le dessus.

« C'était terrible, Jean, de penser à cela.

« Et le soir les mêmes idées me revenaient; je ne pouvais plus dormir.

« De grand matin il fallait me lever et retourner à la gare. C'était encore le meilleur moment de mon existence, car tous ces trains qui partent, qui reviennent, ces marchandises qu'on décharge, ces voyageurs qui prennent leurs billets, m'empêchaient un peu de songer à mes misères.

« Malheureusement, à la fin, je sentais un mal de tête, et puis je voyais comme des fleurs me passer devant les yeux, des mouches qui voltigeaient devant moi.

« Je me disais : Qu'est-ce que c'est? Ce sont des rêves? Et ma vue se troublait.

« Cela dura bien deux ou trois mois, et un matin, en m'éveillant, je fus tout étonné de voir qu'il faisait encore nuit.

« Mes petites fenêtres n'avaient pas de volets; le ciel et les cheminées étaient toujours là devant mes yeux, quand je m'éveillais, et ce jour-là je ne voyais rien.

« Pourtant, j'entendais en bas les rumeurs de la rue, les voitures qui passaient, les marchands qui criaient leurs légumes; je me disais : « C'est étonnant ces bruits-là dans la « nuit noire!... Tâche de te rendormir. »

« Et depuis plusieurs heures, je restais là, pensif, lorsque la porte s'ouvrit et qu'un garçon du chemin de fer entra, en disant :

« — Seriez-vous malade, père Behme? Vous arrivez toujours le premier à votre poste, et ce matin...

« — Mais, lui dis-je, il fait encore nuit.

« Alors il me répondit en riant :

« — Voici midi qui sonne à l'église de la Villette.

« Et aussitôt je m'écriai :

« — Ah! mon Dieu! je suis aveugle.

« C'était vrai, Jean... j'étais aveugle!

« Trois ou quatre heures après, le médecin arriva, il regarda mes yeux et me dit :

« — N'avez-vous pas vu des mouches, des fleurs?

« — Si, monsieur.

« — Pourquoi ne m'en avez-vous pas parlé? Pourquoi n'êtes-vous pas venu me trouver? Pourquoi? A cette heure, il faut vous envoyer à l'hôpital.

« — A l'hôpital!

« — Oui, pour vous guérir.

« J'entendais bien à sa voix qu'il ne voulait pas m'effrayer, et je lui dis :

« — Écoutez, si je dois rester dans un hôpital sans guérir, avec des gens que je ne connais pas, et rêver toujours à mes misères, autant tout de suite la mort. Parlez-moi franchement, j'ai bien encore quelques amis au pays; eh bien, s'il faut être aveugle jusqu'à la fin de mes jours, j'irai là-bas; au moins je ne serai pas seul.

« Alors, au bout d'un instant, il me répondit :

« — La guérison sera longue, mon pauvre brigadier Frédéric; — car il me connaissait. — Je crois qu'au milieu d'anciens amis, avec votre petite pension, vous seriez mieux qu'ici.

« — C'est bon, je comprends, monsieur, lui dis-je, et je vous remercie.

« — Oui, fit-il, et si vous êtes décidé, vous ferez bien de ne pas tarder. La Compagnie vous doit une indemnité de deux mois. Vous aurez aussi le passage gratuit jusqu'à la tête de ligne. »

Ici le brigadier s'arrêta; il était tout pâle, et, seulement au bout de quelques minutes, il reprit :

« J'étais condamné!... Et me voilà! Depuis quinze jours j'attends dans cette auberge, car je ne veux retourner au pays qu'à pied. J'ai mon passeport. Maintenant que je suis aveugle, les Prussiens me donnent la permission de rentrer; avec ma pension, je vivrai là-bas comme une pierre dans son coin, sans gêner personne.

— Écoute, Frédéric, dit alors Starck, ne parle pas ainsi!... Je ne suis pas riche, je ne peux guère t'aider. Non! Mais tu ne seras pas seul... Je te conduirai dans mes charbonnières... tu entendras le bruit des arbres, le vent, les oiseaux... tu seras avec moi... nous causerons...

« Il ne faut pas croire qu'on te laissera seul comme une pierre. Ma femme Annette et ma sœur Thérèse seront toujours avec toi, quand tu voudras rester à la maison; et tu pourras aussi aller à l'auberge de Ykel, le soir, causer avec les amis.

— C'est bon! dit le vieux forestier, en prenant la main de son camarade et la pressant avec force. Ce n'est pas pour te faire de la peine que je t'ai dit cela, charbonnier. Mais, tu sais... à force de souffrir, on devient injuste... J'ai eu tant de chagrins, tant! que je ne puis plus avoir espérance ni compter sur rien. Mais quand partirons-nous?

— Demain, dit Starck, quand tu voudras. Diderich s'est chargé de tirer mon charbon des fours, il répond de tout. Je ne suis pas pressé, et c'est moi qui te conduirai par le chemin que tu voudras.

— Nous prendrons le chemin du Nideck et du Schnéeberg, où ma fille a passé.

— Veux-tu rester ici ce soir? demanda le charbonnier.

— Non, j'aime mieux descendre.. il doit faire nuit.

— Oui, pendant que nous causions, la nuit est venue, Frédéric.

— Eh bien, descendons; parce que je suis aveugle, ce n'est pas une raison pour que tu restes dans la nuit, Jean. Tu n'as qu'à ouvrir la porte, la petite rampe de l'escalier est à gauche. Je la connais. Nous souperons en bas, avec les gens de l'auberge; ce sont de braves gens, qui me logent et me nourrissent à bon compte. Tu pourras aussi prendre ton verre d'eau-de-vie, fumer ta pipe. Tu as beaucoup marché.

— Ah! je ne sens plus rien, depuis que je t'ai retrouvé. »

C'est ainsi qu'ils causaient en descendant l'étroit escalier, puis ils rentrèrent dans la salle; la famille avait soupé, ils se firent servir, annonçant leur départ pour le lendemain.

IV

Le lendemain, à quatre heures du matin, Starck et le vieux brigadier Bêhme, après avoir réglé leur compte à l'auberge de la mère Ory, étaient en route pour l'Alsace.

Ils suivaient dans la prairie le sentier qui longe la Meurthe vers Sainte-Marguerite; le grand charbonnier portait la valise de son compagnon, en lui donnant le bras.

A cette heure matinale, tout dormait encore dans la vallée, le léger murmure de la rivière troublait seul le silence.

« Comme tout repose, disait Bêhme, et que cette odeur de plantes est bonne! Là-bas, dans les grandes rues de Paris, sur les places et les boulevards, je ne respirais que la poussière. Cette fraîcheur me fait du bien. Est-ce que le jour approche, charbonnier?

— Oui, Frédéric, il brille à la pointe de la vieille église de Sainte-Marguerite et sur le toit des maisons.

— Il y a dix ans, je les ai vues, disait l'aveugle. L'église est aussi vieille que celle de Haslach. Dans ce temps-là, je ne pensais pas que je repasserais auprès sans la voir. »

Bientôt ils traversèrent le village, où quelques bonnes gens les regardèrent passer, se demandant ce qui les faisait aller si lentement, car les yeux de Bêhme étaient ouverts et rien n'annonçait sa cécité complète.

Plus loin, devant une maisonnette au bas de la côte, le chant d'une jeune fille qui arrosait des fleurs au bord de sa fenêtre, mit le vieux brigadier en extase.

« Arrêtons-nous un instant, dit-il. Que cette jeune fille chante bien!... Comme sa voix est fraîche et pure! Te souviens-tu, Jean, que Marie-Rose chantait aussi de bon matin, en balayant notre salle en bas, les fenêtres ouvertes à la fraîcheur! Avait-elle une belle voix!... Tu dois t'en souvenir?

— On aurait dit une fauvette au printemps, » répondit le charbonnier, la tête penchée, tout rêveur.

Ils s'abandonnaient à la mélancolie de ce souvenir; puis l'aveugle, reprenant sa marche, dit avec tristesse:

« A Saint-Dié, dans notre petite chambre, Marie-Rose ne chantait plus, elle crachait du sang. Un Prussien l'avait presque tuée d'un coup de crosse entre les épaules; elle était tombée sur les mains et n'osait me le dire. Oh! le misérable, si je l'avais vu frapper, il n'aurait pas vécu longtemps. On m'aurait fusillé, c'était ce qui pouvait m'arriver de plus heureux!

— Il faut penser, Frédéric, que tout ne finit pas en ce monde, répondit le charbonnier profondément ému.

— Ah! si je ne le croyais pas, s'écria Bêhme, depuis longtemps je me serais débarrassé de la vie. Mais il faut rester au poste où l'Éternel nous a mis, disait mon brave inspecteur, M. d'Arance; nous n'avons pas le droit de mourir, avant que lui-même vienne nous relever. Et puis, il ne faut pas non plus que les Prussiens puissent seulement avoir l'idée que Frédéric Bêhme a manqué de courage.

— Non, ajouta Starck, ils seraient trop contents de ne plus nous rencontrer en ce monde, et nous perdrions la chance de nous venger. »

Tout en faisant ces réflexions et bien d'autres, ils poursuivaient lentement leur chemin par Vanéfasse, Neuvillers, Frappelle, etc., ne s'arrêtant que rarement à quelques petites auberges pour se rafraîchir et se reposer; à chaque village, Bêhme se rappelait les circonstances de son premier voyage.

« Ici, disait-il, je suis arrivé tel jour; les Allemands occupaient tous les défilés; ils me demandaient mon laisser-passer et me donnaient l'ordre de continuer aussitôt qu'ils l'avaient vu, sans me permettre d'entrer dans la moindre auberge acheter un morceau de pain; si quelques bonnes gens auxquels j'en demandais pour l'amour de Dieu sur leurs portes ne m'avaient secouru, je serais tombé de faim et de fatigue. D'autres fois, ils m'arrêtaient; il fallait attendre des heures l'arrivée d'un officier pour reconnaître si le laisser-passer était bon et pour le signer. Ils tenaient tous les coins des forêts, ils se trouvaient embusqués dans tous les ravins, reconnus depuis des années par leurs espions, qu'on avait laissés s'établir en France comme d'honnêtes industriels. Voilà ce que j'ai vu. »

Vers cinq heures du soir, tout en causant et s'animant parfois, Starck et l'aveugle arrivèrent à Provenchères, où la douane française vérifia leur pauvre bagage; et, malgré l'approche de la nuit, ils poursuivirent leur chemin, remontant la côte jusqu'à Sâales, point culminant des Vosges, à dix-neuf kilomètres de Saint-Dié.

« Ici nous sommes au milieu des Prussiens, dit Starck, il faut surveiller sa langue, des espions vous écoutent partout; les aubergistes n'en sont pas cause, c'est maintenant la consigne en Alsace-Lorraine. Chacun le sait.

— C'est bon, répondit Frédéric Bêhme gravement; nous causerons en chemin, quand nous serons seuls. »

Ils entrèrent à l'auberge des *Deux-Clefs* et soupèrent en silence, puis ils allèrent se coucher.

Bêhme se sentait dans un autre monde. Quelque chose de lourd pesait sur sa poitrine; tous les étrangers d'ailleurs étaient comme lui silencieux, chacun se méfiant des voisins; triste effet de l'espionnage dans tout pays où la délation est devenue une profession honorable autant que lucrative: *une institution nationale!*

Pendant tout ce premier jour de voyage, le vieux forestier avait marché vigoureusement, bien qu'avec peine; le souvenir des lieux qu'il traversait lui rappelant sa fille, l'attendrissait; il aimait à parler de son enfant, à rappeler au charbonnier sa beauté, sa douceur, ses excellentes qualités. Ainsi s'abrégeait le chemin.

Mais le second jour, en descendant de Sâales aux sources de la Bruche, Starck ne tarda pas à s'apercevoir que le brigadier était devenu taciturne; il ne parlait plus et semblait préoccupé d'une pensée fixe.

Cependant aucun incident n'avait marqué leur voyage depuis Sâales, quand tout à coup, s'arrêtant d'un air d'hésitation, le malheureux s'écria:

« Sais-tu, Jean, que j'ai peut-être eu tort de quitter Saint-Dié; tous les deux ou trois jours j'allais voir Marie-Rose; c'était une grande consolation pour moi. Et puis, de la laisser seule au milieu des étrangers, tu comprends... de se retrouver seule, c'est terrible. »

Cette idée superstitieuse affligea Starck, qui n'avait guère réfléchi sur de pareilles questions.

« Oh! fit-il, moi, je crois que Marie-Rose ne doit plus être là, Frédéric; elle est au ciel.

— Ah! qui peut savoir... qui peut savoir?... dit l'aveugle, dont tous les traits exprimaient une anxiété étrange. Quand je suis arrivé pour la première fois au cimetière, j'ai senti quelque chose autour de moi; la terre tremblait sous mes pieds, les fleurs des tombes répandaient de douces odeurs, j'entendais en moi-même une voix plaintive qui me disait: « Mon père... c'est toi?... Oh! que je t'ai attendu longtemps. Où donc as-tu été? Tu ne m'abandonneras plus! »

Et comme Starck consterné ne répondait pas:

« Oui! s'écria-t-il, j'aime mieux retourner à Saint-Dié. J'étais là tout seul, personne ne me troublait, et je pensais toujours à mon enfant. Je n'étais pas malheureux: je pouvais aller la voir! »

Ils se trouvaient alors en vue de Saint-Blaise, au versant de la côte où se précipite la Bruche, et Starck désespéré s'écria:

« Frédéric, tout ce que tu dis est possible, mais avant de retourner à Saint-Dié, allons jusqu'au village de Saint-Blaise, près d'ici, pour nous reposer. Je ferai tout ce que tu voudras; seulement, il faut penser que ta femme, la pauvre Catherine, et la grand'mère Anne, si les morts restent sur la terre, sont aussi chez nous qui t'attendent et qu'elles doivent aussi se dire: — Nous sommes abandonnées! »

Cette idée frappa le pauvre insensé.

« Eh bien, marchons, fit-il; mais je reviendrai! »

Et quelques pas plus loin, il ajouta :

« Les riches sont pourtant heureux de pouvoir réunir leurs morts dans un même endroit ! J'en ai vu passer beaucoup en chemin de fer ; ils allaient de Paris chez eux. Ah ! ce n'est pas à nous que ce bonheur est réservé. »

Depuis ce moment, Bèhme ne parla plus de retourner à Saint-Dié ; ils poursuivirent leur chemin par Saint-Blaise, Fonday, Rothau, jusqu'à Schirmeck sans interruption, rencontrant de loin en loin quelque bûcheron, ou schlitteur, la hache sur l'épaule, qui regagnait son village ou qui grimpait à ses coupes sous bois, et des bandes d'ouvriers allant à leurs usines, tous pauvres, misérables, soucieux, répondant à peine au salut du charbonnier, tant leur préoccupation de l'avenir et du travail était grande.

« On ne chante plus dans ces belles vallées, disait Bèhme. On dirait que tout est mort !

— Ah ! répondait Starck, les Prussiens ont seuls de bonnes raisons pour chanter dans leurs auberges ; ils ont de l'argent, eux : sans rien faire ils s'enrichissent, ils enlèvent notre bois, notre vin, ils nous accablent tous les jours de nouveaux impôts et ne nous envoient que leur *spritz*, leur eau-de-vie terrible, leur *poison* ! dont les ouvriers de fabriques meurent comme des mouches : les malheureux commencent à trembler sur leurs jambes, ensuite ils s'affaissent et finissent par périr ; quelques-uns deviennent fous. Les femmes aussi s'en mêlent !

« Ah ! si le grand chancelier pouvait faire boire de son *spritz* à tous les Alsaciens-Lorrains, il n'y aurait bientôt plus personne dans notre pays ; les émigrants allemands pourraient venir s'y installer à leur aise, et de Moltke, — ce Danois qui a aidé les Prussiens à démembrer sa patrie, — dormirait enfin tranquille ! Heureusement la contrebande est là... Elle nous apporte de l'eau-de-vie et du vin de France.. Sans la contrebande nous serions déjà tous empoisonnés par le *spritz* de ces bons chrétiens, de ces gens pieux, qui ont toujours le nom du bon Dieu à la bouche !

— Mais qu'est-ce qui force les ouvriers de fabriques de boire de ce *spritz* ? s'écriait Bèhme.

— Mon Dieu ! on ne force pas non plus les rats d'entrer dans les ratières, répondait Starck, ni les grives d'arriver jusqu'à portée de fusil sur les sorbiers. C'est le besoin qui les pousse ! Quand la bouteille de vin paye un franc d'impôt, il faut bien quelque chose à l'homme pour soutenir ses forces... On ne peut pas boire de l'eau et travailler toujours comme des misérables ! »

Bèhme ne répondait plus ; il était accablé de ces révélations et ne trouvait aucun remède à de pareilles misères.

Puis la marche lui devenait lourde, pénible.

« Ah ! quand j'avais le bonheur de voir clair, disait-il, je n'aurais pas cru que les chemins de la montagne sont si longs ! On voit tant de choses en route : des forêts, des sentiers, des moulins, des scieries, de vieilles ruines dans les airs, des torrents qui bouillonnent.... on ne s'aperçoit pas du chemin qu'on fait. Maintenant, si tu ne me disais pas : — Nous sommes ici... ou là... — je croirais être toujours à la même place, comme un pauvre cheval aveugle qui tourne sa meule. »

Quelquefois aussi le bruit d'une chute d'eau l'arrêtait devant la vanne d'une scierie :

« Est-ce que cette scierie est vieille ? demandait-il.

— Oui, Frédéric, ses roues sont couvertes de mousse et sa toiture plie, elle est en bardeaux.

— Que c'est beau une vieille scierie sous bois, avec ses tas de planches et de madriers ! Ah ! j'en ai vu dans le temps ; maintenant, c'est fini !... Tu es bien heureux d'en voir encore, Jean.. et de ces grands coups de soleil à travers les forêts, de ces nuages blancs qui vont dans le ciel, si haut qu'on les aperçoit à peine. Et les ramiers, les geais qui passent d'une vallée à l'autre. Ah ! quel bonheur de les voir ! Tous... tous voient clair ; moi seul, je suis aveugle ! Je voudrais pourtant bien savoir ce que j'ai fait pour être si misérable. »

Starck, en l'entendant se plaindre, pensait :

« Il n'a rien fait : les Prussiens sont cause de tout !... Ils en répondront devant Dieu. »

Pour ne pas chagriner son vieux camarade, le brave homme gardait ces réflexions pour lui-même, l'avertissant seulement que la nuit approchait et qu'il ne fallait pas s'attarder trop longtemps s'ils voulaient trouver un bon gîte pour repartir le lendemain de bonne heure.

Ils arrivèrent enfin à Schirmeck, devant l'auberge de la *Couronne*, vers huit heures du soir, et entrèrent dans une grande salle sombre, garnie de bancs et de tables, où quelques rares consommateurs, en blouses et vestes de velours, des rouliers, des ouvriers, des paysans, vidaient leurs chopes et mangeaient des salades de cervelas d'un air grave. Mais à côté se trouvait une autre salle mieux éclairée, où l'on riait, où l'on causait avec animation et sans gêne : la salle des fonctionnaires prussiens et de quelques industriels du pays, qui se réunissaient là pour ne pas être confondus avec le commun.

Starck et le brigadier Frédéric s'assirent à l'extrémité d'une table et demandèrent à souper.

La servante, d'après leur costume, vint leur servir un morceau de viande froide, une double canette de bière et du pain bis.

Ils mangeaient en silence, et dans la salle voisine les éclats de rire continuaient ; on lisait tout haut quelque article du journal ; de temps en temps, une voix plus forte et plus gaie que les autres dominait la conversation et lançait des tirades contre la race de Sem. « l'engeance abominable des juifs, la peste de l'Allemagne, rusée, usurière, voleuse, qu'il fallait balayer dans l'intérêt de la saine morale, et cætera, et cætera ».

On entendait tout cela de la grande salle, et Bêhme demandait à son compagnon :

« Qui est-ce qui parle là près de nous ? Qu'est-ce que les Prussiens ont donc contre les juifs ?

— Hé ! répondait Starck, c'est bien simple : les juifs ont de l'argent, et les Prussiens, sans crédit, auxquels personne, pas même en Allemagne, ne veut prêter deux liards, en veulent à tous ceux qui ont de l'argent.

— Je le crois, disait Bêhme ; mais, pour rire si fort, ils ont donc trouvé moyen de dépouiller les juifs ?

— Non, Frédéric, pas encore, mais ils espèrent que cela viendra. Tu sais bien que, dans le temps, Schinderhannes, le chef de brigands, n'attaquait que les juifs connus pour avoir de l'argent dans leur maison : tous les jours, il inventait quelque nouveau tour, dont les Allemands riaient de bon cœur ; mais, à la fin, malgré ses inventions, il fut pris par les Français, qui le conduisirent à Mayence. Alors, il dénonça tous ses complices, depuis Kaiserslautern jusqu'à Bâle, et tous furent exécutés ensemble le même dimanche au son du tambour. Tu t'en souviens, Frédéric ?

— Oui ; la pauvre grand'mère Anne parlait quelquefois de Schinderhannes, qui fréquentait notre pays entre Wissembourg et Kaiserslautern. Elle en avait entendu parler dans son enfance. »

Ils causaient à voix basse dans cette grande salle ; mais cela n'empêcha pas un de leurs voisins de les entendre : un petit homme en lunettes, le nez long et fin, les yeux vifs, les cheveux frisés, qui venait de s'asseoir près d'eux une minute avant, et qui leur dit en se penchant :

« Ne parlez pas si haut de Schinderhannes, on pourrait croire que vous parlez d'un autre, et cela vous ferait du tort auprès des autorités. Vous venez sans doute d'ailleurs : il faut se souvenir que nous sommes ici en Allemagne depuis 1870. Les choses sont bien changées. Il ne faut pas s'entretenir des coquins, cela porte ombrage à trop de monde... Prenez garde ! »

Starck, tout surpris de ces observations, allait lui répondre, quand la porte de la salle à côté s'ouvrit au large et qu'un homme superbe, quoique déjà vieux, les cheveux gris ébouriffés, la barbe pleine, en longue tunique à brandebourgs, tout riant et la face pourpre, apparut sur le seuil, suivi de la servante, qui sans doute était allée le prévenir qu'un étranger le demandait.

« Comment, mon cher Herztberg, s'écria ce personnage, c'est vous ! Ah ! je suis désolé de vous avoir fait attendre une minute ! »

Il tendait la main au petit homme, qui lui répondit :

« Oui, monsieur l'Inspecteur, c'est moi.... J'étais venu tout exprès pour vous rendre le service dont vous avez un si pressant besoin. »

Il tenait un portefeuille à la main, et l'autre avançait déjà la sienne pour le prendre, quand, le remettant en poche, le petit homme ajouta :

« Mais, d'après ce que je viens de vous entendre dire des juifs, une « race d'usu-« riers, de filous, qu'il faut balayer de la patrie « allemande », vous ferez bien, monsieur l'Inspecteur, de vous adresser, à l'avenir, aux descendants de Japhet. »

Là-dessus, il salua monsieur l'Inspecteur en lui tournant le dos et sortit.

Alors, le bel homme, tout ébahi, souffla dans ses joues, toussa dans sa main, et rentra dans la salle voisine d'un air fort ennuyé.

« Voilà, dit Starck, un brave petit juif et un grand pendard de Prussien.

— Oui, murmura Bêhme en se levant, il faut avoir l'âme basse pour demander des services aux gens que l'on traite de filous et qu'on voudrait piller en masse. Si tous les juifs faisaient comme celui-ci, ils mériteraient le respect du genre humain. C'est toujours parce qu'on se courbe que les Schinderhannes vous dépouillent et vous oppriment! — Mais, allons dormir, grand charbonnier; j'ai besoin de repos. »

Ils se levèrent, et la servante, allumant une lumière, les conduisit dans leur chambre.

V

C'est le troisième jour de leur voyage qui fut le plus pénible pour Frédéric Bëhme.

Il s'était mis à pleuvoir pendant la nuit: le chemin, sablonneux au pied de Donon, entre Schirmeck et Haslach, avait fini par se détremper.

Deux ou trois fois, à Viche et plus loin, ils avaient dû faire halte pour reprendre des forces.

Cependant le vieux forestier était toujours resté calme et stoïque, surmontant toutes ses fatigues avec courage; ce n'est qu'après avoir quitté la route, pour grimper à gauche l'aride sentier du Nideck, — l'endroit le plus sauvage et le plus solitaire de ces montagnes, dominé par la cime froide du Schnéeberg, — ce n'est qu'en face de cette espèce de coupe-gorge, où plane encore le souvenir du monde féodal, sous la figure d'une ruine sinistre, que, le front baigné de sueur et les pieds meurtris, il se prit à gémir.

« Je n'en viendrai jamais à bout, disait-il, mes pieds ne rencontrent plus que des pierres tranchantes. Si tu ne me soutenais, Jean, je me coucherais pour mourir. Ah! quelle malédiction pèse sur moi! Je monte au Calvaire... Non... le Christ n'a pas souffert ce que je souffre. Il n'avait que sa mère et des bourreaux; moi j'ai eu ma fille, ma femme, ma mère à enterrer... et des bourreaux pires que les siens. Ils auraient mieux fait de me crucifier. Laisse-moi, Jean, ce n'est pas la peine que tu portes, que tu traînes un misérable comme moi.

— Allons, Frédéric, du courage, criait le charbonnier, ne crains pas de t'appuyer sur mon épaule; nous approchons des ruines, encore un bon coup de collier et nous y serons. »

Et, tout en disant cela, Starck le soulevait; mais lui-même, malgré sa force extraordinaire, avait de la peine à se tenir ferme sur ce terrain pierreux. Et ce n'est qu'au bout d'une grande heure qu'ils atteignirent enfin le plateau des ruines, d'où s'élance la cascade toute déchirée par les pointes du rocher.

Alors Bëhme, épuisé par tant d'efforts, s'assit sur un tronc d'arbre abattu, son bâton entre les genoux.

Il avait l'air anéanti, et pourtant au bout de quelques minutes, ayant repris haleine et prêtant l'oreille au bruit de la cascade, il s'écria :

« Ici, depuis des milliers d'années, cette eau descend toujours dans l'abîme. Bien d'autres que nous l'ont entendue mugir, au milieu du désespoir et de la souffrance. On s'est massacré dans ce coin sombre, on s'est jeté des roches et de l'huile bouillante, on a précipité des milliers de corps du haut des remparts, ils ont roulé jusqu'à la Bruche avec des cris horribles, et l'on n'entend plus maintenant que cette eau bouillonner comme elle bouillonnait des siècles avant ces massacres et comme elle bouillonnera longtemps après nous. Ah! Jean, c'est la consolation des misérables, de penser que tous sont égaux devant l'éternité; que la fin arrive pour tous, heureux et malheureux, et qu'il ne vaut pas la peine de tant se chagriner, pourvu qu'on ait toujours rempli son devoir.

— Eh! répondit le charbonnier, quand je suis seul au bois, ces idées me passent souvent par la tête : A quoi sert d'avoir été fort, puissant, riche, si l'on n'a pas été juste? Qu'est-ce qui reste d'un vieux loup? Sa charogne! Et combien ne laisseront après eux que cela? Oui, j'y pense souvent, et pour tous ces grands et forts, qui veulent nous faire trembler, je les méprise. Ils ne peuvent pas seulement me faire baisser les yeux, je les regarde en face et je me dis, la main sur le cœur : — Je vaux mieux que toi, tout pauvre que je sois. — Mais voici le garde qui s'approche; sa maison forestière est belle, il a deux beaux chiens qui le suivent, nous allons lui demander de nous donner un verre de kirsch, en payant; qu'il soit Prussien ou non, il ne pourra pas nous refuser, si loin de tout village. Un homme dans ta position, Frédéric, a droit de demander un secours. »

En effet, le garde-forestier du Nideck s'approchait lentement, son fusil sur l'épaule et ses chiens sur les talons; mais, à mesure qu'il s'approchait, quelle n'était pas la surprise du grand charbonnier de reconnaître

« Allons, Frédéric, du courage... » (Page 23.)

en lui l'ancien garde Hepp, du Tommenthal, le seul qui, neuf ans avant, eût prêté serment à Sa Majesté Guillaume, pour conserver la place qui le faisait vivre avec sa nombreuse famille.

Hepp était toujours le même, sauf sa tête devenue blanche et sa barbe qu'il portait pleine; de son côté, il reconnut aussi le charbonnier et tous deux restèrent un instant interdits.

L'inimitié des gens avait forcé Hepp de demander son changement, et l'autorité forestière allemande l'avait placé au Nideck, un des plus beaux triages de la montagne, des plus riches en bois, mais aussi des plus fatigants.

Il ne reconnut pas au premier coup d'œil son ancien brigadier Frédéric, et, malgré son hésitation, il finit par dire :

« C'est vous, Starck? Vous êtes bien loin du Graufthal. Qu'est-ce qui vous amène donc de ce côté du Schnéeberg et de Dabo?

— Je viens de chercher votre ancien brigadier à Saint-Dié, répondit le charbonnier, il est devenu aveugle et retourne sous les roches. »

Hepp, à ces mots, fixant un regard rapide sur l'aveugle, le reconnut et devint blanc comme un linge.

Bôhme l'avait aussi reconnu à sa voix et s'était redressé fièrement.

Il semblait regarder Hepp, qui vit bien à la fixité terne de ses yeux que le charbonnier lui disait la vérité. Il connaissait aussi les

Toute la salle le regardait, stupéfaite... (Page 28.)

autres malheurs de Bêhme, la mort de sa fille, et n'osait lui parler.

« C'est vous, Hepp, dit alors le brigadier Frédéric d'un accent étrange, avec un sourire amer. Vous voyez que le courage et l'amour de son devoir ne sont pas récompensés en ce monde.

— C'est vrai, fit l'autre d'une voix qui partait du cœur, c'est vrai, brigadier! Sans cela, vous ne seriez pas si malheureux! Je n'ai jamais connu de meilleur ni de plus honnête homme que vous! »

Cet hommage, rendu par Hepp à l'élévation de son caractère, fit plus d'effet sur Bêhme que les plus longs discours. Il y eut un silence, et le brigadier Frédéric, élevant de nouveau la voix, dit :

« Hepp, la seule récompense que l'homme puisse obtenir dans cette vie, c'est l'estime de tous, amis et ennemis; car on ne la demande pas, elle se commande à la conscience de chacun.

— C'est vrai, répondit Hepp, avec la même simplicité, mais je ne suis pas votre ennemi, et si je puis vous rendre quelque service...

— Le brigadier a beaucoup souffert en montant cette rude côte du Nideck, dit alors Starck; un verre d'eau-de-vie lui ferait du bien pour gagner le plateau du Schnéeberg.

— Arrivez, dit le garde, il me reste encore deux ou trois bouteilles de vieux vins d'Alsace, et si le brigadier Frédéric veut me faire l'honneur d'en accepter un verre, je serai heureux ! »

Starck reprit alors le bras de son compagnon, et cinq minutes après ils entraient dans la cour de la maison de Hepp, au bas d'un grand pré bordé d'arbres; dans cette cour coulait une fontaine, une femme y lavait du linge.

« Louise, dit le garde à sa femme, voici mon ancien brigadier Frédéric Bëhme, devenu aveugle, qui retourne aux roches du Graufthâl. »

Alors cette femme, se retournant toute saisie, regarda l'aveugle, et, levant les mains au ciel, s'écria :

« Mon Dieu, quel malheur !... Ah ! nous avons bien souffert, brigadier ; mais vous avez encore été plus malheureux que nous.

— Chacun porte sa croix, répondit stoïquement Bëhme. Que ceux qui sont cause de nos misères à tous en soient responsables devant Dieu ! Croyez, Louise, qu'ils sont encore plus à plaindre que nous ! »

Hepp était allé dans sa maison chercher du vin, du pain, du fromage. Il déposa le tout lui-même sur une table devant la porte, à l'ombre d'un hêtre ; le brigadier et Starck s'assirent et mangèrent.

La femme de Hepp les servait, un jeune garçon de quinze ans et une jeune fille de huit ou neuf étaient sortis, ils regardaient, et Hepp leur dit :

« Henri et Catherine, approchez-vous. Où sont vos frères et sœurs ?

— Ils sont au bois, » répondit la petite fille.

Et le garde reprit :

« Voici mon ancien brigadier, qui n'a jamais fait que du bien à votre père et à tout le monde ; on l'a chassé, et il est devenu aveugle, parce qu'il n'a pas voulu prêter serment à Sa Majesté Guillaume. »

Ces enfants, à la figure un peu sauvage, écoutaient en silence ; et le garçon élevant la voix, demanda hardiment :

« Et tu l'as prêté, toi ?

— Oui, fit Hepp, à cause de vous ! pour vous donner du pain... Cela vous montre, mes enfants, quelle reconnaissance vous me devez : je vous ai fait le plus grand sacrifice qu'un homme puisse faire en ce monde ; vous comprendrez cela plus tard. »

Quelques larmes alors remplirent les yeux de l'aveugle, et, tendant la main aux enfants :

« Approchez, leur dit-il, que je vous connaisse ! »

Ils s'approchèrent, et, lorsqu'il eut passé la main sur leur figure, il leur dit :

« Souvenez-vous des paroles de votre père, car ce qu'il vous a dit est vrai. Et souvenez-vous aussi que vous êtes Français quand même, car ce n'est pas en faisant prêter des serments qu'on change le cœur et le sang des êtres ; c'est Dieu qui nous fait libres, et ce n'est pas avec un serment qu'on étrangle les consciences ! Mais ces choses sont encore au-dessus de votre âge. Obéissez à vos parents ; ils vous instruiront lorsque le moment sera venu. »

Cela dit, il se leva, prit son bâton et dit au garde :

« Hepp, je ne vous en veux pas, je ne vous en ai jamais voulu. Quand je pense à ce que j'aurais été capable de faire pour sauver ma fille Marie-Rose, je me dis que l'homme, dans les terribles circonstances où nous avons passé est bien faible. Les arbres qui n'ont pas été renversés par l'orage étaient peut-être moins exposés que les autres.

— Brigadier, demanda Hepp, me donnerez-vous la main ? »

Bëhme pâlit, puis se remettant :

« La voilà, dit-il. Seulement souvenez-vous de ce que j'ai dit à vos enfants : Ils sont Français ! Personne n'a le droit de les changer, pas même la France ! »

Puis se tournant vers la femme :

« Je vous donne aussi la main, Louise, fit-il avec attendrissement, et je vous souhaite d'être heureuse. »

Cette femme pleurait ; et c'est ainsi que Frédéric Bëhme et le grand charbonnier prirent le chemin du Schnéeberg, sentier rapide qui monte plus d'une heure : Starck marchait à droite, la main de l'aveugle sur son épaule.

Ils atteignirent le sommet de la montagne, au milieu des hautes bruyères, vers six heures : le soleil en haut était splendide, toutes les brumes de la vallée montaient en immenses colonnes entre les cimes des sapins, et la plaine d'Alsace se découvrait verdoyante, lumineuse, avec ses villages innombrables.

Bëhme, à cette hauteur, par la vivacité de l'air, comprit le spectacle splendide que son compagnon avait sous les yeux.

« Jean, dit-il, de quel côté se trouve la flèche de Strasbourg ?

— Ici, fit le charbonnier en lui dirigeant la main.

— Alors, Phalsbourg, où nous passerons demain, est là dans le fond à gauche, et Saverne, avec les ruines du Haut-Barr et du Géroldseck, là... Tu les vois ?

— Oui, les nuages ont monté, je vois tout.

— Que de fois j'ai regardé cette grande vallée bordée par le Rhin, reprit le malheureux, les montagnes de la Forêt-Noire de l'autre côté du fleuve au nord, et les Alpes bernoises au midi !... Quelle grandeur ! Et dire que tout est sous mes yeux et que je ne le reverrai plus jamais... jamais... jamais !... » faisait-il d'une voix poignante, les mains levées au ciel.

Puis, avec un sentiment plus doux, il ajouta :

« Mais je m'en souviens !... Et tant de malheureux, dans les fabriques, n'ont connu que le travail et la misère ! Tant d'autres, au fond des mines, se souviennent à peine du soleil... »

Starck écoutait sans répondre, quand Frédéric Bëhme, lui reprenant le bras, s'écria :

« Allons, regarde pour nous deux et partons ! car il nous reste du chemin à faire pour arriver au Dagsberg. »

Ils repartirent donc, ayant de la bruyère jusqu'au ventre, sur la pente opposée du Schneeberg, et remontant ensuite de l'autre côté sur le plateau de Dabo, où ils n'arrivèrent qu'à la nuit noire, après avoir contourné la Roche de Saint-Léon, aux premières baraques de l'antique bourgade.

Quelques lumières éclairaient à peine les petites vitres ternes de ces masures. Ils suivaient la ruelle encombrée de charrettes et de fumiers et finirent par s'arrêter devant une maison assez grande où bourdonnaient des voix nombreuses.

C'était l'auberge de Schnéegans, la seule du pays où l'on puisse espérer trouver un lit.

Le charbonnier, entrant dans la cuisine, dit :

« Nous y sommes. »

En même temps il poussait une porte à gauche. Bëhme le suivait pas à pas, et tous deux entrèrent dans une salle encombrée de monde : bûcherons, paysans, forestiers, hommes et femmes, attablés là pêle-mêle, le coude sur de longues tables, la chope ou le verre d'eau-de-vie en main, causaient, dans un nuage de fumée, à la lueur de quelques chandelles.

Personne ne parut s'apercevoir de leur entrée, ils s'assirent au bout d'une table dans l'ombre, et la grande Marie-Barbe, étant venue, leur demanda ce qu'ils souhaitaient ; ils furent servis aussitôt d'un restant de bœuf, d'une salade à l'huile de faîne et d'un cruchon de bière.

Un gros fonctionnaire allemand, à face rubiconde, la casquette plate bordée de rouge, monsieur le *commissari*, avait seul remarqué leur apparition.

Il vint donc remplir son devoir et demanda leurs papiers.

Frédéric Bëhme lui présenta les siens : il les parcourut d'un œil attentif et les lui rendit, en demandant au charbonnier :

« Et vous ?

— Moi, je suis du pays, » répondit Starck.

C'était facile à reconnaître, et le *commissari* alla se rasseoir devant sa chope sans insister.

Bëhme, pendant cette inspection, avait conservé son calme ; mais la fatigue, le bourdonnement des voix, l'atmosphère lourde et la chaleur de ce local l'excitèrent insensiblement.

« On rit beaucoup au Dagsberg, dit-il à Starck, est-ce que le pays est devenu prussien ?

— Je ne crois pas, Frédéric, mais on a fait ce matin une grande adjudication de bois, à ce qu'il paraît ; les gens auront de l'ouvrage pour toute la saison jusqu'en hiver, et cela les réjouit.

— Oui, j'entends parler de lots, de surenchère, dit-il. Est-ce qu'il y a des Prussiens dans la salle ?

— Quelques forestiers et des marchands de bois ; mais les schlitteurs, les bûcherons sont tous du pays. »

Tandis qu'ils causaient dans leur coin, la porte s'ouvrit et le vieux bohémien Waldhorn, ses deux fils, Kasper et Andreusse, entrèrent, leur violon sous le bras, leur cor de chasse en sautoir et leur contre-basse liée sur le dos.

L'apparition de ces têtes laineuses, bronzées, aux grandes lèvres, au nez épaté, fit circuler dans la salle un murmure de satisfaction :

« À la bonne heure ! à la bonne heure ! Les zigeiners ! Nous allons chanter ! »

La troupe de Waldhorn était connue depuis bien des années dans ces pays ; le père Waldhorn surtout avait une grande réputation ; on le réclamait à toutes les fêtes d'Alsace et de Lorraine ; l'expression de sa figure était sérieuse, son épaisse chevelure blanche lui donnait même un caractère vénérable.

Il salua la compagnie de sa petite casquette, et, promenant un regard autour de la salle, ses yeux s'arrêtèrent sur Starck, puis sur Frédéric Bëhme.

Il devint grave, et, pendant que ses fils accordaient leurs instruments, s'approchant du charbonnier et se penchant sur la table :

« C'est vous, Starck, fit-il, et, si je ne me trompe, voici notre ancien brigadier du Graufthal ?

— Tu ne te trompes pas, Waldhorn, répondit Bêhme. Oui, c'est moi. »

Il levait ses yeux ternes, et le bohémien devina qu'il était aveugle ; un sentiment de pitié profonde se peignit dans ses traits, il regarda Starck en se passant la main sur les yeux, comme pour demander : « Il est aveugle ? »

Starck inclina la tête et Waldhorn leva la main d'un air de compassion inexprimable, car ces gens ont un sentiment d'humanité bien supérieur à celui de certaines races prétendues civilisées.

Enfin, comme les cris : « Allons... allons, commencerez-vous ? » partaient de tous les coins, il alla rejoindre ses fils et donna son premier coup d'archet.

Le père et les fils jouaient avec un ensemble admirable, et certains de leurs airs, recueillis sur les chemins de France ou d'Allemagne, étaient enlevés d'inspiration.

Rien de plus original et de plus sauvage que cette musique.

Kasper chantait des refrains grivois, pour faire rire ; son frère, d'une voix plus large, plus étendue, entonnait de vieux *lieds* d'amour.

Après chaque morceau, les applaudissements éclataient, et l'un des frères faisait le tour des tables, en secouant sa casquette où tombaient quelques pfennings.

A la fin, le cri : « *Die Wacht am Rhein !* » retentit du côté des Allemands.

Il fallut exécuter ce chant de guerre avec l'entrain convenable ; toute la bande des forestiers et des marchands de bois, debout, la chope en main, le chantait en chœur ; et le vieux brigadier Frédéric, sa tête chauve inclinée, écoutait ce cliquetis de verres, ces exclamations, ces trépignements d'enthousiasme.

Dieu sait les pensées qui lui traversaient l'âme en ce moment ; mais à peine le calme s'était-il un peu rétabli, qu'il dit quelques mots à l'oreille du grand charbonnier : celui-ci fit signe à Waldhorn de s'approcher.

« Me voilà, dit le bohémien.

— Est-ce que tu te rappelles le chant des *Pandours ?* lui demanda le vieux forestier.

— Si je m'en souviens !... c'est un chant superbe, mais il est bien vieux.

— Et tes fils, est-ce qu'ils le savent ?

— Très bien. Je n'aurai qu'à leur parler, ils se rappelleront tout de suite... et si vous voulez que nous le jouions...

— Oui... vous allez m'accompagner. Car c'est moi qui vais le chanter, » dit Bêhme avec un certain sentiment d'exaltation.

Aussitôt Waldhorn alla prévenir ses fils, ils préludèrent lentement, tandis que l'aveugle se levait, les yeux ouverts et blancs, et la main haute comme pour commander le silence.

Toute la salle le regardait, stupéfaite, et le prélude passant au chant, il commença d'une voix mâle et grave, cette vieille complainte populaire :

Les Pandours sont à Haguenau !
Le ciel est noir, la plaine est blanche.
Un corbeau sur sa haute branche
Chante la gloire du bourreau...
Les Pandours sont à Haguenau !

Ce début étonna les Allemands ; jamais les bohémiens n'avaient mieux accompagné ; le silence était solennel.

Dans le carré de la potence,
La tête basse et sans souliers,
Frissonnent nos vingt conseillers,
Au vent du soir qui les balance,
Dans le carré de la potence.

La face de l'aveugle était frémissante. Il poursuivit :

Les Pandours sont à Haguenau !
Mansfeld, à la gueule brûlée,
Est descendu dans la vallée,
Piller le bourg et le château...
Les Pandours sont à Haguenau !...

« Un instant, dit le *commissari* en se levant. Que signifie ce chant ? »

Mais des regards menaçants se fixant de tous les coins de la salle sur lui, il se rassit et l'aveugle continua :

Voyez, là-bas, le feu qui brille,
Comme une étoile dans la nuit ;
La ville brûle, et tout s'enfuit...
On pille, on viole, on fusille...
Voyez, là-bas, le feu qui brille !...

« C'est assez ! criaient les Allemands debout dans leurs bancs... c'est assez ! »

Mais les bûcherons, pressés autour d'eux, la plupart ivres d'eau-de-vie, et éprouvant d'ailleurs une haine instinctive contre cette race étrangère devenue maîtresse du pays par hasard, disaient :

« Non ! qu'il continue... c'est la vérité !... »

Et Bêhme, dans une exaltation croissante, poursuivit :

La flamme monte à Haguenau ;
Son reflet rouge au loin s'épanche.
Le corbeau, sur sa haute branche,
Pousse un « hourra ! » pour le bourreau !...
Les Pandours sont à Haguenau...

Il se rassit, pâle comme la mort.

Un grand silence suivit, et le *commissari*, dominant son émotion, demanda :

« Contre qui ce chant a-t-il été fait ?

— Contre les pandours, répondit le grand charbonnier, contre les voleurs, les assassins et les incendiaires de notre pays ; il y a long-temps ! C'est une vieille chanson, n'est-ce pas, Waldhorn ?

— Oui, je l'accompagnais déjà dans mon enfance, répondit le bohémien ; on l'appelait : « La malédiction des Pandours ! »

Bëhme n'ajouta pas un mot et sortit avec son compagnon.

Marie-Barbe les conduisit dans une soupente au-dessus de la salle ; ils s'étendirent tout habillés sur une paillasse et s'endormirent.

Onze heures sonnaient à la vieille église ; la troupe des bohémiens était partie, les gens se dispersaient, regagnant leurs baraques.

Du reste, rien de nouveau ne se passa cette nuit, M. le *commissari* ayant fait semblant de croire, — en voyant l'attitude des bûcherons, — que « la malédiction des pandours » ne regardait pas les Prussiens !

Les pandours n'ont laissé que des souvenirs d'horreur en Alsace ; ceux que les Prussiens y laisseront seront plus agréables ; on se souviendra d'eux pour dire :

« Quels braves gens c'étaient ! Point voleurs, point insolents, point ivrognes, point hypocrites, point goinfres, point cruels, enfin une noble race ! »

VI

Après leur premier somme, vers trois heures du matin, Starck et Bëhme jugèrent qu'il était bon de lever le pied sans retard.

Ils se remirent en route encore plus tôt que d'habitude.

Le grand charbonnier, à chaque instant, tournait la tête, croyant apercevoir, au clair de lune, des gens à leurs trousses.

Heureusement il se trompait, le *commissari* ayant, selon son habitude, bu trop de chopes, reposait dans la paix du Seigneur.

Enfin, à la naissance du jour, après avoir dépassé l'antique chapelle du Chévrehof, le grand charbonnier, jetant un dernier regard au haut de la côte et ne voyant rien apparaître ni de près ni de loin, s'écria :

« Frédéric, nous sommes sortis d'un mauvais pas, car bien d'autres, pour des chansons moins fortes que celle des Pandours, ont payé jusqu'à leur dernier pfenning à la justice ; encore étaient-ils forcés de compléter la somme par quelques mois de prison.

— C'est bon, dit Bëhme, ce chant m'a fait du bien ; il a soulagé mon cœur, et maintenant, tu vois, charbonnier, que j'ai repris des forces ; il me semble déjà respirer l'air du Graufthâl, le bon air du pays ! »

Puis, se rappelant que ceux qu'il avait le plus aimés au monde n'y seraient plus, le pauvre homme ajouta :

« Pour une seule des journées que j'ai passées avec ma brave femme, ma fille et la bonne grand'mère Anne, je donnerais ce qui me reste à vivre. Ah ! l'on ne connaît son bonheur qu'après l'avoir perdu !

— Moi, dit Starck, la seule chose qui m'ennuie, c'est de penser que nous étions nos maîtres et que maintenant les Prussiens nous tiennent le pied sur la nuque. Les paysans de l'autre côté des Vosges ne se doutent pas de leur chance. Qu'ils soient sur leurs gardes ! Qu'ils se méfient des espions ! Si nous avions su ce qui nous attendait, il aurait fallu nous massacrer jusqu'au dernier pour nous réduire où nous en sommes.

— Hé ! sans doute, dit le vieux forestier ; mais, au temps du premier empire, nous avions aussi le pied sur la nuque d'une foule de peuples. Cela ne les a pas empêchés de nous culbuter, en se redressant, du fond de la Russie jusque sur la Loire. Quand un peuple ne veut plus se courber, aucune force, aucune ruse, rien... rien ne peut le tenir sous le joug.

« L'ancien Napoléon, un autre gagneur de batailles que ceux-ci, qu'est-il devenu ? Et ses conquêtes, où sont-elles ?

« J'ai réfléchi à tout cela, Jean, et je dis que les peuples ne deviennent esclaves que lorsqu'ils consentent à l'être, et je dis aussi que les Alsaciens et les Lorrains n'y consentiront jamais.

« Ce sont des races aussi fortes, aussi hardies, aussi fières et beaucoup plus honnêtes que les Prussiens ; de vieilles races guerrières.

— On n'avale pas aussi fort et aussi hardi que soi.

« Tu verras, Jean ; les hommes passent, et les peuples restent. Ceux qui montrent le plus de patience sont aussi les plus décidés quand il faut agir. Tu verras ! La justice seule est toujours debout, parce qu'elle a sa racine dans le cœur de tous les braves gens. »

Ces pensées venaient à l'aveugle en marchant, et Starck l'écoutait, tout heureux de le voir s'animer, car, les jours précédents, son abattement l'avait fait craindre qu'il fût obligé de s'arrêter en route.

Ils avaient déjà fait du chemin quand, aux environs de l'auberge forestière de Labourdonnaie, vint à passer, au petit trot, le marchand de poissons, Georges Trouillier, sur sa carriole.

Il était allé dans les Vosges acheter de l'alevin pour ensemencer quelques étangs vers Bitche et la Petite-Pierre.

Starck, qui le connaissait, lui demanda de leur faire place sur sa voiture, et le brave homme y consentit volontiers.

Alors, tranquillement assis sur une botte de paille, Frédéric Béhme fut content de se reposer une ou deux heures.

On causait ; les cris des geais sous bois, bataillant autour d'un gland, le bourdonnement de la Zorn, galopant sur les cailloux, le reportaient à son existence calme, heureuse d'autrefois et le rendaient tout pensif.

Trouillier, le dos rond, le chapeau à larges bords, rabattu sur sa large nuque, et ses oreilles pourpres, fouettait le cheval et criait :

« Nous ne sommes plus au bon temps où l'argent roulait, où j'achetais des trente et quarante quintaux de carpes pour les revendre du jour au lendemain à Strasbourg. La misère est venue ! Les Prussiens ruinent le pays en prenant toujours et n'apportant rien. Les marchés sont misérables. Il faudrait cinquante ans pour rendre à l'Alsace ses anciennes richesses et la prospérité de ses fabriques, d'où sortaient des régiments d'ouvriers, tisserands, fileurs, dessinateurs, mécaniciens... Que sais-je, moi ? Tout est fini !... Les fonctionnaires prussiens s'engraissent seuls ; nous avons reçu chez nous tous les mendiants, tous les affamés de l'Allemagne ! »

Au loin, quelques coups de sifflet commençaient à se faire entendre.

« Nous approchons du chemin de fer, reprenait Trouillier ; dans une demi-heure, nous y serons. Nous voici sous le grand viaduc, qu'il aurait fallu faire sauter en 1870, après la bataille de Reichshoffen, pour empêcher les Allemands d'envahir la France.

« Les Bavarois auraient été forcés d'entrer avec leurs gros canons et leurs fourgons d'obus au fond de la vallée ; ils se seraient enfoncés dans la vase jusqu'aux essieux, et durant tout l'hiver ils n'en seraient pas sortis.

« C'est quelque chose, tout un hiver pour se mettre en défense ! On aurait eu le temps de réunir toutes les forces qui nous restaient et d'occuper solidement les défilés sur les derrières de l'ennemi.

« Les Allemands, même après leur victoire de Forbach, n'auraient pas osé marcher sur Paris sans assurer leurs lignes de communication ; Bazaine n'aurait pas osé trahir, sachant que l'Alsace se défendait, qu'elle était secourue. Que de choses ne seraient pas arrivées !...

— Vous avez raison, disait Béhme, combien de fois mon beau-père, l'ancien brigadier-forestier Bruat, ne m'a-t-il pas raconté qu'à la première Révolution, les Autrichiens et les Prussiens, commandés par Wurmser et Brunswick, n'avaient pu sortir de la vallée d'Alsace faute de routes praticables à leur artillerie ; qu'ils s'étaient trouvés enfermés chez nous pendant sept mois, et qu'au bout de ce temps, Hoche, ayant reçu le commandement des forces de Pichegru, — un Bazaine de ce temps-là ! — les avait battus tous les deux et rejetés sur la rive droite du Rhin, à Wœrth même, dans les mêmes positions où nous avons été défaits.

« Cela serait encore arrivé si l'on avait fait sauter le tunnel d'Archwiller, et si l'on n'avait pas construit en 1867 la belle route forestière du Graufthal pour tourner Phalsbourg.

« Qu'on dise ce qu'on voudra, l'idée ne me sortira pas de la tête que nous étions trahis même avant la guerre ; trahis par la bêtise de l'empereur, qui ne s'entourait que d'Allemands et n'écoutait que leurs avis, à commencer par ceux de Bismarck.

« On dit à Paris que le maréchal de Mac-Mahon ne pouvait pas faire sauter les travaux d'art sans un ordre exprès du quartier général de l'empereur, et je le crois ; c'est un brave soldat qui s'est magnifiquement battu à Reichshoffen un contre quatre ; il aurait fait sauter le tunnel avec un ordre exprès. Mais Hoche l'aurait fait sauter sans ordre ; il aurait vu que la patrie était en danger. »

En causant de ces malheurs, ils arrivaient enfin à Lutzelbourg, et Trouillier les descendait à l'auberge des *Trois-Pigeons*, la plus rapprochée de la gare.

Après avoir remercié le brave homme, ils entrèrent dans la salle d'auberge. Pas une âme ne s'y trouvait, il fallut appeler l'aubergiste dix fois pour obtenir une chope de bière.

Ce n'était plus cette activité de la vie, ces entassements de ballots, cet empressement de voyageurs allant prendre leur billet pour Nancy, Strasbourg, Paris, etc. Rien... rien que la misère. On pouvait dire que les Prussiens avaient transporté la Poméranie en Alsace. Quelle affreuse calamité !

« Partons d'ici, s'écria Bêhme, et ne suivons pas la nouvelle route, la belle route que les Prussiens ont faite pour traîner les moellons de Phalsbourg à Strasbourg ; montons la côte directement par les Baraques.

— Oui ! répondit Starck, maintenant que nous sommes un peu reposés, ne perdons plus de temps ; Annette et Thérèse doivent nous attendre, il faut que nous soyons ce soir au Graufthâl. »

Une heure après, ils arrivaient sur le plateau de Phalsbourg ; c'était leur dernière étape avant de descendre dans la vallée qu'arrose la Zinzel, dont le souvenir était si cher et si douloureux au vieux brigadier-forestier.

Aussi ne put-il se défendre d'une émotion profonde en arrivant à cet endroit.

« Nous ne sommes pas loin du crucifix de pierre, au bord du chemin des Baraques d'en bas ? dit-il.

— Nous y touchons, Frédéric... le voici !

— C'est bien, asseyons-nous deux minutes sur ses marches, fit l'aveugle, et dis-moi ce que tu vois ; c'est d'ici qu'on découvrait le mieux Phalsbourg, en venant de Hildehouse, explique-moi donc comme est la ville maintenant.

— Elle est là, dit Starck, devant nous, à deux kilomètres comme autrefois, seulement ses remparts sont rasés ; les maisons, la caserne de cavalerie, la manutention, le pavillon du génie se dressent sur des tas de terre jaune en talus, où quelques herbes commencent à pousser ; les fossés sont remplis d'éboulements, les rues s'ouvrent en plein champ ; l'église, avec son nid de cigogne, brûlée de fond en comble, est remplacée par un clocher en pointe. Que veux-tu, Frédéric, des maisons sur un rocher nu, sans eau, sans ombre, sans arbres pour les abriter du vent... à quoi cela ressemble-t-il ?... Ce n'est pas un hameau... ce n'est pas un village... ce n'est plus rien ! Un vieux nid d'éperviers, qui pend entre deux roches, représente encore quelque chose ; mais cette pauvre forteresse ne signifie plus que l'abomination de la désolation : avant quinze ans, Phalsbourg abandonnée sera comme les ruines du Haut-Barr ou du Gérolseck : un tas de décombres ; les ronces et les épines s'étendront partout. Aujourd'hui déjà le vieux serrurier Lang, à quatre-vingt-six ans, se promène seul sur la place d'Armes, en disant : « Ceci était Phalsbourg, où seize généraux et un maréchal de France sont venus au monde, et que Napoléon appelait « la pépinière des braves ! »

— C'est donc comme Jérusalem, s'écria Bêhme.

— C'est pire, fit Starck... Dans les ruines de Jérusalem, à ce que raconte la Bible, on ne voit que des renards, et à Phalsbourg on rencontre des loups... des loups prussiens, avec leurs yeux gris d'acier et leurs longues dents blanches !

— Eh bien, nous n'y entrerons pas, Jean ; ce que tu m'as dit suffit. Arrive et conduis-moi, nous ferons le tour de la place pour gagner le Bichelberg. »

Ils partirent donc, perdus dans leurs réflexions, et le brigadier semblait fort calme quand, en arrivant au pied des anciens glacis, comme Starck, à chaque pas, lui disait : « Prends garde !... Les décombres ont roulé jusqu'ici... Attention !... et tiens-moi le bras... Dans cet endroit les Allemands ont ouvert une carrière !... » tout à coup, emporté par une fureur d'indignation, le malheureux s'écria :

« Mais ils ont donc tout détruit, les misérables ! ils n'ont rien épargné ! »

Et il se prit à sangloter comme un enfant :

« Ah ! si j'avais su, j'aurais mieux aimé rester dans un hôpital à Paris. »

Le grand charbonnier lui-même, tout pâle, au souvenir de nos désastres, s'écriait :

« Allons, Frédéric... allons, du courage !... Nous avons dépassé maintenant la ville, nous approchons de nos vieux sapins ; nous n'avons plus que deux petites lieues à faire pour arriver aux Roches, où tous tes vieux amis t'embrasseront ; tu seras là bien tranquille au milieu de nous. Mon Dieu ! tu le disais hier, la vie n'est pas si longue, et, quand on a toujours fait son devoir, il faut compter qu'on reverra les anciens qui nous attendent. »

Toutes ces bonnes paroles ne pouvaient apaiser l'émotion du malheureux.

« Je l'espère, disait-il, mais souviens-toi, Jean, que j'ai suivi ce chemin il y a dix ans, chassé du pays comme un gueux, et cette indignité, l'insolence du commandant prussien qui me refusait quelques jours, les cris de la grand'mère : « Frédéric, nous ne nous « reverrons plus ! » tout me revient et me révolte. Je me trouvais alors le plus malheu-

« Te te rappelles bien comme elle se penchait sur le bord. » (Page 34.)

reux des hommes, et je l'étais beaucoup, mais il me restait au moins ma fille, ma pauvre Marie-Rose ; il me restait la lumière du ciel, et maintenant je n'ai plus que la pitié des gens.

— La pitié... oui... mais aussi leur respect, dit Starck. Voyons, remets-toi ! Si ces Prussiens nous voyaient, ils seraient heureux de penser : « Voilà des Français qui « pleurent encore leur défaite après dix ans ! » Oui, ils en seraient capables ; je les connais, la haine, l'envie, la satisfaction de nous avoir humiliés, abaissés, fait leur joie, leur plus grand bonheur. »

Le charbonnier avait eu soin de diriger son compagnon à droite de la ville, par le petit sentier de la chapelle Saint-Jean, pour n'être pas rencontrés dans ce moment de faiblesse, de sorte qu'ils atteignirent la forêt de Bichelberg, sans avoir vu d'autres paysans que deux ou trois vieilles femmes en route pour se rendre à l'église de la ville.

Mais à la descente du sentier qui mène directement à la maison forestière de Wilhelm Gotthelf, par les petits vallons de la Bande-Noire et du ruisseau des Ablettes, une autre crainte saisit le charbonnier.

Il allait bientôt falloir passer devant l'auberge de la veuve Baptiste, où se réunissaient quelquefois les officiers allemands, et devant la maison forestière elle-même, dont le brigadier Frédéric s'était vu chassé quelques années avant par les Prussiens !

A cette idée il se sentait froid.

« C'est Ragot ! mon pauvre vieux Ragot... » (Page 36.)

Béhme aussi songeait à la nécessité de franchir ce passage, et comme le charbonnier lui disait :

« Nous allons arriver au petit pont du ruisseau des Ablettes, et nous le passerons pour arriver au Graufthâl plus vite ; ce chemin est plus court.

— Non ! lui répondit Béhme, je veux serrer la main à la veuve Baptiste ; c'est une brave femme ; je veux me reposer chez elle un instant avant d'aller aux Roches.

— Allons, à la grâce de Dieu ! » pensa Starck, qui n'osait le contrarier.

Ils arrivaient alors dans le petit vallon des Ablettes, qui s'ouvre plus loin dans la grande vallée de Dösenheim.

C'est un des paysages les plus doux, les plus harmonieux qu'il soit possible de se figurer, surtout après la rentrée des foins, quand le pâquis est fauché récemment, et qu'entre les grands bois s'étend la pelouse comme un immense tapis de velours.

Alors vous diriez une salle parfaitement close et silencieuse ; pas un souffle d'air n'y pénètre.

Les vieux chênes et les hêtres penchés autour semblent en défendre l'entrée.

A droite, sous les rameaux verts et touffus, serpente le ruisseau descendant des roches de la Bande-Noire ; les ablettes y fourmillent et les truites y remontent volontiers chercher leur proie.

En arrivant là, le brigadier Frédéric s'arrêta, écarquilla les yeux et dit :

« Oh! si je pouvais seulement revoir ce petit vallon une seule fois!... Qu'il est beau!... Mon Dieu, qu'il est beau, et combien d'heures, dans mon grenier à Paris, j'ai passées à me le représenter! Combien de fois je l'ai revu en rêve!

« C'est dans ce petit vallon que je souhaitais d'être, et maintenant j'y suis et je ne le vois pas! »

Et, prêtant l'oreille au murmure du ruisseau, il dit à Starck, tout mélancolique, appuyé sur son bâton :

« Jean, conduis-moi près du ruisseau, sous le petit pont, que j'y trempe les mains et que je sente cette bonne eau fraîche. »

Le charbonnier, les yeux pleins de larmes, satisfit à ce désir de son vieux camarade et le conduisit par le bras à l'un des endroits les plus unis de la rive ; alors il se baissa, déposant son bâton dans l'herbe, et se baigna les deux mains dans la cascade.

« Je te sens, beau vallon, disait-il, puisque je ne puis plus te voir, et je t'entends!... Ta voix est douce, elle me parle, elle me dit : « Je te reconnais, vieux forestier... Tu es devenu bien vieux, tes tempes ont blanchi et « tes yeux sont éteints! »

« Oh! mon beau vallon, où j'ai passé tant de fois, te rappelles-tu aussi Marie-Rose, la jeune fille avec ses cheveux châtains et ses yeux bleus, son grand chapeau de paille et son corset rouge?

« Qu'elle était belle et jeune et légère... n'est-ce pas? quand elle venait ici faner les foins au milieu de ses jeunes amies; on aurait dit un faon de biche.

« Tu ne l'as pas oubliée, mon beau ruisseau des Ablettes. Tu te rappelles bien comme elle se penchait sur ton bord, comme elle se regardait en souriant dans tes eaux vives, et comme elle baignait ses petits pieds dans ton sable fin... Oui! tu t'en souviens!...

« Eh bien, elle est morte!... Tu ne la verras plus. C'est fini... fini pour toujours! »

Et, se redressant, il leva ses yeux au ciel, en répétant tout bas : « Fini! »

Puis d'une voix sourde, profonde, terrible :
« Les Prussiens l'ont tuée!... »
Après cela, se retournant :
« Allons, grand charbonnier, s'écria-t-il, donne-moi le bras et conduis le pauvre aveugle! »

Ils repartirent, et des pensées plus calmes revenant à l'esprit du vieillard, au bout de quelque cent pas, s'arrêtant de nouveau et se retournant, il dit :

« Je ne vois plus ce beau vallon, le plus beau de nos montagnes... mais je me le représente comme si je le voyais. Ne sommes-nous pas ici au tournant de la roche des Tourterelles?
— Oui, Frédéric.
— Eh bien, dans cette saison, elle doit être couverte de lierre sombre et là-haut brillent quelques graines rouges de sorbier... Tu les vois?
— Oui.
— Ah! elles y sont encore, tant mieux! tout ne meurt pas! Et les grives trouveront toujours là-haut, sous la roche, un bon coin pour leurs nids... On ne pourra pas y tendre des collets.

« Et maintenant, allons chez la veuve Baptiste, dit-il en levant son chapeau. Adieu! vallon des Ablettes. J'ai souvent pensé à toi... et tu m'as fait pleurer en songe... merci! »

Ils partirent, et Starck, au tournant du rocher, respira : Les Allemands n'étaient pas à l'auberge! Ils avaient sans doute exercice en ville ; et plus loin, à droite, Hedwige et ses deux jeunes filles n'étaient pas non plus aux fenêtres de la maison forestière.

Deux belles vaches se promenaient derrière la maison du garde, paissant quelques touffes d'herbe échappées à la faux; et dans l'air, bien haut, tourbillonnaient en cercle un couple d'éperviers, le mâle et la femelle, dont les ailes échancrées se dessinaient sur le ciel pâle.

La grande vallée de Dosenheim s'ouvrait devant eux, ses côtes et ses cimes engrenées à perte de vue.

« C'est toujours la belle vallée, disait Bêhme en marchant ; tout dort et repose ici. »

Puis, avec un sourire, il ajoutait :
« Même la conscience du garde prussien, n'est-ce pas?
— Oui, Frédéric, il se porte bien... et sa femme aussi... et ses enfants.
— C'est ce que je pense. Ma vieille maison est là, devant mes yeux, comme si elle était à mille lieues d'ici. Je ne la verrai plus... mais je sais qu'elle est là, blanche, avec son treillis couvert de vigne vierge d'un beau pourpre. Et là-haut, j'entends le vieux mâle et la vieille femelle des éperviers qui tournent dans le ciel en jetant leur cri de guerre; ce sont peut-être les mêmes que j'ai vus il y a dix ans le jour de mon départ. Ils en ont plumé des ramiers et des grives, ils en ont

déchiré des poules, pour nourrir leurs couvées dévorantes... Ah! il faut avoir des griffes et le bec crochu pour prospérer sur la terre. »

Tout en faisant ces réflexions amères, ils arrivaient au seuil de l'auberge.

Alors parut à la fenêtre la veuve Baptiste, en robe noire, un mouchoir noué sous le menton.

C'était une figure calme, douce et grave, belle encore à quarante ans, enfin une tête noble.

Au premier regard, la veuve reconnut le brigadier Frédéric; ils avaient été voisins longtemps.

Le forestier, maintenant vieux, brisé par la souffrance, l'avait vue naître.

Cette brave femme pâlit à la vue du vieillard et sortit aussitôt pour le recevoir.

Elle lui prit la main avant de parler et lui dit ensuite d'une voix basse, émue :

« Entrez, brigadier Frédéric. »

Et comme il tendait les bras en murmurant :

« C'est toi, Catherine? »

Ils s'embrassèrent.

Il paraît que la veuve avait aussi reconnu sa terrible infirmité, car, le prenant par le bras, elle le fit asseoir lentement.

« Ici, père Frédéric, lui dit-elle. Ah! que de choses votre vue me rappelle. Ah! mon Dieu, quels souvenirs! »

Et s'asseyant, le tablier sur la figure, elle pleura longtemps.

Starck, debout, et Bëhme écoutaient la pauvre femme sangloter sans l'interrompre.

Enfin le brigadier, élevant la voix, dit :

« Tu pleures, mon enfant!... Oui... tu as raison, nos souvenirs sont terribles à tous les deux. Mais tu as un fils. Où est-il? Je veux l'embrasser.

— Il est parti depuis deux mois pour Nancy.

— Ah! je comprends, ses vingt ans approchent, n'est-ce pas? Tu ne veux pas en faire un Allemand?

— Non, il est Français comme son père. »

Après ces mots, la veuve sortit dans la cuisine et revint avec du pain, du beurre et une bouteille de vin.

Le charbonnier s'assit, et, pendant le modeste repas de ses hôtes, Catherine Baptiste donna quelques détails au brigadier sur sa situation depuis la conquête.

Avant de mourir, son mari lui avait dit de rester au pays, d'élever leur enfant dans des sentiments français et de l'envoyer en France dès que l'âge de la conscription approcherait.

Les officiers de la garnison allemande, à Phalsbourg, venaient à l'auberge, elle les servait, mais elle n'avait pas oublié les recommandations de Baptiste et connaissait ses devoirs.

« Je savais tout cela, Catherine, lui disait Bëhme. Je te connais depuis ton enfance; j'étais sûr de ce que tu ferais.

— Nous avons été forcés de vivre avec cette race abominable, disait Starck; les gueux n'auraient pas mieux demandé que de nous voir décamper, abandonnant nos champs et nos maisons... ils les auraient pris tout de suite!... C'est un plaisir que nous n'avons pas voulu leur faire!... Et maintenant nous sommes cloués là, comme le Christ, entre les larrons! Et le pire de tout, c'est que ces gens, qui nous grugent, qui nous dépouillent, prétendent nous avoir délivrés de la servitude française... Ils nous appellent « frères allemands! » On n'a jamais vu d'hypocrisie pareille. »

En ce moment commençait à se faire entendre au loin le roulement d'une voiture, venant du petit vallon des Ablettes, sur le chemin de Phalsbourg, et bientôt des éclats de rire, des paroles confuses, toutes les manifestations d'une société joyeuse frappèrent les oreilles de l'aveugle.

Starck, jetant un regard dehors, resta tout saisi; il reconnut la voiture qu'il avait vue cinq jours avant sur la côte du Fålberg, allant à Saverne; toute la famille de Gotthelf s'y trouvait encore avec le *feld-webel*.

On était allé prendre les dernières dispositions pour la célébration du mariage, prévenir le pasteur, retirer le congé définitif du jeune homme.

Lina et Frida, dans toute leur splendeur, rayonnaient; des rubans de couleurs vives, des fleurs ornaient leurs coiffures; la vieille Hedwige s'épanouissait de satisfaction; les garçons avaient des casquettes neuves, le plus petit soufflait dans une trompette de bois, et Kasper lui-même, le garçon meunier qui les conduisait, portait à son chapeau des rubans, il faisait claquer son fouet.

Ces gens avaient bien dîné à l'auberge de Bâle; c'était une fête allemande.

Comme Frédéric Bëhme demandait :

« Qu'est-ce que c'est? d'où vient cette voiture avec tout ce monde joyeux? »

Au moment où Starck allait lui répondre :

« Ce n'est rien... des Allemands qui vont à la Petite-Pierre... »

La veuve, sans penser aux terribles souvenirs qu'elle évoquait au cœur du pauvre homme, dit :

« C'est la fille aînée du brigadier Wilhelm... Elle est fiancée à un *feld-wébel* du régiment de Brunswick, qui vient d'obtenir son congé et la promesse d'une place de garde-forestier au Tommenthal. Plus tard, le gendre remplacera le beau-père, c'est entendu d'avance ; ils vivront ensemble en famille. La vieille m'a raconté tout cela ; ces gens sont bien heureux. »

Tandis qu'elle parlait, arrivait la voiture au grand trot, elle franchissait le pont et s'arrêtait devant la maison forestière, où Gotthelf recevait son monde et criait gaiement :

« Hé ! vous voilà... Je n'ai pas besoin de vous demander si l'on a bien passé la journée... Cela se voit... ha ! ha ! ha !

— Oui ! oui ! répondaient les petits et les grands... on s'est bien amusé, père.

— Hé ! regarde ma trompette !... regarde mes beaux rubans... et cette belle étoffe pour ma robe.

— Ah ! disait Gotthelf au *feld-wébel* en le tutoyant déjà, tu vas te ruiner, Frantz, avec toutes ces femmes. Serre les cordons de ta bourse, elles te plumeraient si tu voulais satisfaire toutes leurs fantaisies... Allons !... entrez... entrez !... »

Et ces gens entraient, riant, s'embrassant. L'aveugle entendait tout cela, car tout le monde criait.

Il écoutait et pas un mot ne s'échappait de ses lèvres ; seulement, au bout de quelques secondes, la veuve Baptiste et Starck l'entendirent murmurer :

« Pauvre Marie-Rose ! tu es heureuse de ne plus pouvoir souffrir !... C'est donc pour cela que je suis arrivé jusqu'ici ? Quelle malédiction me poursuit ! Pas un être dans ma propre maison... pas un ami... pas même le pauvre idiot Colas pour me recevoir !... Personne... personne que des ennemis qui me disent de leur joie insolente : « Va-t'en ! va-t'en ! Qu'est-ce que ton idée de justice ?... Va-t'en... Va... Nous rions, nous !... Nous sommes heureux, nous jouissons de ton bien... Hé ! brigadier... regarde... Hein ? que ma fille est belle et qu'elle est contente ! Bientôt elle se mariera avec un beau et brave garçon... Et la tienne, ta Marie-Rose, où est-elle ?... Et son fiancé ?... Son fiancé... là-bas il dort, le pauvre diable ! »

Ainsi parlait Béhme, tantôt à voix basse, tantôt avec des éclats déchirants. Il se faisait pitié à lui-même et ne pouvait pleurer.

« Mon Dieu ! disait la veuve, quelle malheureuse idée j'ai eue de parler de cela. Je ne pensais à rien... Ah ! que le Seigneur me pardonne... C'est terrible !... Que faire maintenant ?

— Je vais l'emmener, dit le charbonnier en se levant. Il faut que nous partions, car, s'il entendait encore une fois ces Prussiens, il pourrait en perdre la tête. »

Et le prenant par le bras :

« Allons, Frédéric, lui disait-il, arrive ! Je t'avais bien prévenu qu'il valait mieux prendre le sentier de l'autre côté du vallon... Tu n'as pas voulu me croire. »

Il tâchait de l'emmener, mais Béhme, les deux coudes sur la table, son front chauve entre les mains, ne bougeait pas...

Il se perdait dans l'abîme de sa douleur... quand un gémissement étrange, une voix douce et plaintive, retentit dans l'allée.

La veuve ouvrit machinalement la porte, et un chien... le pauvre vieux Ragot, devenu sourd et presque aveugle, entra, flairant le plancher, puis se jeta entre les jambes de son ancien maître avec des cris de joie, des caresses impossibles à décrire.

Le vieux forestier, à cette voix, parut se réveiller, et, prenant le pauvre animal des deux mains :

« C'est Ragot ! mon pauvre vieux Ragot, s'écria-t-il. C'est lui qui vient me recevoir ! Il est donc resté quelqu'un de la vieille famille à la maison !... Ah ! Ragot, tu ne sais pas quel plaisir tu me fais ! Ils ne t'ont donc pas tué, parce que tu es Français ? Ils ne t'ont pas forcé d'opter ? ils ne t'ont pas fait prêter serment ? Tu es là... C'est bien toi ! »

Et le chien répondait à la voix de cet homme ; il gémissait et semblait le comprendre.

Starck, oui, Starck, en présence d'un tel spectacle, sentait de grosses larmes couler jusque dans sa barbe, et la veuve Baptiste, la figure penchée sur ses genoux, s'était remise à sangloter.

Après cela, que vous dirai-je encore ? — Béhme ayant aussi répandu quelques larmes en parlant à son chien, en lui rappelant la grand'mère Anne, Catherine sa femme, Marie-Rose et jusqu'au malheureux Colas, leur domestique, interrompu à chaque mot par les gémissements de la pauvre bête qui semblait lui répondre, Béhme se leva plus ferme et dit en reprenant son bâton :

« Eh bien, partons !... Il ne faut pas trop se plaindre. Non ! puisque nous avons retrouvé un vieil ami. Catherine, donnez-moi la main... Je vais au Graufthâl et j'espère vous revoir encore... Voyez, fit-il, on a beau dire, il y a pourtant quelque chose, là-haut, qui nous relève le cœur à la dernière minute; en retrouvant ce pauvre chien auquel je ne pensais plus, j'ai cru retrouver tout le monde, et il m'a parlé pour tous; il m'a dit que je ne suis pas oublié.

— Oh! non, père Frédéric, on ne vous a pas oublié; personne dans la montagne ne vous a oublié, car vous êtes un brave et digne homme, et l'on n'en trouve pas un comme vous parmi ces Prussiens. »

Elle les reconduisait alors, et sur le seuil, Starck ayant regardé, reprit le bras de son compagnon; ils descendirent les marches de l'auberge.

Deux minutes après, ils passaient devant la maison forestière, dont les fenêtres toutes grandes ouvertes étaient pleines de joyeuses figures regardant vers le sentier.

Ragot suivait son ancien maître pas à pas et les fils du garde le sifflaient, ils l'appelaient: « Rolff!... Rolff! ici!... » Mais il ne tournait pas même la tête, et l'un d'eux s'étant mis à la poursuite, il partit en courant dans la direction du Graufthal.

« Les gens de la maison forestière nous regardent, dit Starck en serrant sa trique... Je crois qu'ils se moquent de nous! »

Alors le brigadier se retourna, la main levée, et parut vouloir lancer une imprécation.

Il était pâle, ses lèvres s'agitaient... mais au bout d'une seconde, baissant la tête, il poursuivit son chemin, murmurant des paroles inintelligibles.

Durant cette seconde, l'expression de sa figure avait été terrible, et la vieille Hedwige, qui regardait appuyée sur la fenêtre ainsi que Lina, en furent effrayées.

Seuls Frantz Walter et sa petite belle-sœur Frida, assis dans la salle, ne virent rien, car Gotthelf lui-même, penché dehors, pour voir ce qui faisait siffler et crier ses enfants, avait été témoin de cette scène étrange.

Cependant ni Lina, ni Gotthelf, ni Hedwige ne dirent mot de l'apparition sinistre; on s'assit à table tout absorbés.

Walter, la petite Frida et les enfants seuls continuaient de rire, mordant à belles dents les pommes, les poires juteuses et toutes les friandises apportées par le beau-frère.

C'était le goûter, et ce brave Walter, qui ne se doutait de rien, en retroussant ses moustaches et avalant de glorieuses rasades de *bock-bier*, continuait à regarder sa charmante fiancée d'un œil plein de feu; mais Lina se sentait toute troublée : une ombre venait de s'étendre subitement sur son bonheur.

Et le soir venu, après le départ de Walter, retournant à sa caserne pour la dernière fois avant le mariage, après de tendres embrassades sur le seuil de la maison, après les serrements de main, les regards expressifs et les cris : « A bientôt, chers parents! portez-vous bien! Et toi, ma bonne Lina, Frida, Wenda, tous! tous! je vous embrasse encore! »

Quand d'un pas rapide le digne jeune homme, suivi de tous les regards, eut tourné le vallon, on se regarda l'un l'autre comme si l'effrayante vision eût encore été là : personne n'osait en parler, lorsque la vieille Hedwige s'écria :

« Vous avez vu l'aveugle? Vous l'avez reconnu? »

Alors Lina tout en larmes, se jetant dans ses bras, répondit :

« Oh! mère, pourquoi cet homme est-il revenu? C'est un bien mauvais signe pour mon mariage!

— Hé! s'écria Gotthelf indigné. Pourquoi? Parce que le gouvernement de Sa Majesté est trop bon... parce qu'on permet à un tas de gueux qu'on avait bannis, de rentrer en Alsace, pour troubler le repos des fidèles serviteurs de la patrie allemande. Je savais que cet homme avait obtenu l'autorisation de rentrer... monsieur l'Ober-ferster m'en avait prévenu... Je n'avais pas voulu vous le dire, je pensais que le gueux irait se cacher dans un coin, qu'on n'entendrait plus parler de lui... Je ne pouvais pas supposer qu'il aurait l'audace de se présenter ici, devant ma maison... mais tous ces Français sont d'effrontés coquins! Enfin, c'est comme cela... que voulez-vous y faire? Quant au reste, ma chère Lina, cela ne signifie rien, absolument rien pour ton mariage... Essuie donc ces larmes... ces larmes impies envers Dieu qui nous a conduits dans la terre promise et qui nous comble tous les jours de ses bénédictions!... Qu'on les essuie bien vite... ou je croirai qu'on n'a plus de religion!... »

Gotthelf se promenait de long en large, les sourcils froncés, et les enfants se taisaient, effarouchés, écoutant, blottis dans tous les coins, les paroles étranges de leur père.

Lina, alors, essuyant ses larmes, s'approcha timidement du garde.

« Pardon, père, lui dit-elle avec douceur, pardon de t'avoir fâché. Tu as raison... Je suis bien ingrate envers Dieu.

— Allons, fit-il en s'arrêtant un peu radouci et l'embrassant... Je te pardonne, ma fille...

Mais c'est tenter le Seigneur que de pleurer un jour pareil, quand il vous a tout accordé... Je te pardonne ! »

Alors on se rassit pour terminer le repas interrompu par le départ de Walter. La petite Frida était devenue toute timide, ne comprenant pas ce qui venait de se passer, et les enfants, un instant effrayés, se remirent à rire en avalant les crèmes et les gâteaux restés sur la table.

La joie revenait et personne ne semblait plus songer à l'aveugle ; mais son souvenir n'en était pas moins présent à l'esprit de Lina et la rendait tout inquiète.

La nuit étant enfin venue, Gotthelf ferma toutes les portes et Hedwige conduisit elle-même ses deux filles dans la jolie chambre en mansarde que la pauvre Marie-Rose avait habitée autrefois ; et, ayant déposé sa lampe sur la petite table de noyer où la fille du brigadier Frédéric avait si souvent contemplé le portrait de son fiancé, elle leur dit avec un attendrissement véritable :

« Chers enfants, écartez toute pensée qui pourrait troubler votre bonheur. Vous êtes nées sous une meilleure étoile que la mienne ! Le Seigneur vous a tendu la main dès votre plus tendre enfance.

« Vous ne vous souvenez plus de notre misère, de notre grande misère aux bords du Frische-hoff, au milieu des glaces où rien ne pousse que des algues le long de la côte ; vos parents ne montent plus sur une vieille barque pourrie, pour aller pêcher des strœmerings en haute mer, exposés à tous les vents, parmi les écueils.

« Vous avez grandi sur une bonne terre grasse, parmi les pommiers roses, les poiriers blancs et les sapins verts... au milieu des chants d'oiseaux, des belles récoltes et de l'abondance.

« L'impôt ne se paye pas à notre vénérable pasteur en têtes de corbeaux, mais en bel argent ; la vigne étend ses feuilles et ses raisins sur vos petites vitres, chers enfants adorés.

« Ainsi, faites de beaux rêves, et toi, Lina, songe à ton bonheur, à ce bon, à cet honnête Walter, qui t'aime comme la prunelle de ses yeux ; songe qu'il aura bientôt une place excellente, que vous vivrez dans toutes les satisfactions de ce monde terrestre.

« Embrasse-moi, ma chère enfant... ne pleure pas !... Et, ma chère Frida, viens aussi !... que je vous réunisse dans mes bras. »

Elles s'approchèrent et s'assirent à demi sur les genoux de la vieille, qui s'était attendrie en leur dépeignant toutes les joies que le Seigneur leur réservait ; elle les embrassait... c'était touchant !

Puis, les ayant pressées sur son cœur, elle leur souhaita le bonsoir et descendit se coucher à côté de Wilhelm, qui dormait comme un bienheureux, grâce aux nombreuses chopes qu'il avait vidées en ce jour.

Les deux jeunes filles aussi se déshabillèrent et se couchèrent dans le lit de Marie-Rose ; mais les belles et bonnes paroles de la vieille, pour changer le cours de leurs idées mélancoliques, n'avaient pas rassuré Lina, le souvenir de l'aveugle lui revenait encore, et, comme il arrive en pareilles circonstances, tous les efforts de Hedwige n'avaient servi qu'à lui rendre cette image plus présente.

Frida venait d'éteindre la lumière ; mais ni l'une ni l'autre des sœurs ne pouvaient dormir.

Un rayon de lune éclairait la petite chambre, découpant les feuilles de vigne étendues à la fenêtre, en ombres noires sur la muraille en face et sur le plancher.

Au mur brillait un petit miroir dans son cadre de noyer, où Marie-Rose s'était regardée bien souvent, en se demandant si son brave fiancé, Jean Merlin, la trouverait assez jolie.

La lumière pâle effleurait le dessus d'une vieille commode à ferrures de cuivre luisantes. Dans ce vieux meuble, la grand'mère Anne, sa fille Catherine et sa petite-fille avaient serré tour à tour, durant bien des années, leurs robes, leurs bonnets et leur linge parfumé de lavande et de réséda.

Souvent les deux sœurs s'étaient dit qu'un parfum de jeune fille se respirait encore dans l'antique commode ; elles s'étaient demandé d'où cela venait ; puis Lina, se rappelant que la fille de l'ancien garde demeuré là, était devenue toute rêveuse.

« D'autres après nous, pensait-elle, viendront ; ils auront peut-être de semblables idées. »

Elle ne pouvait donc dormir, et sa jeune sœur ayant enfin succombé au sommeil, longtemps encore elle écouta sa respiration douce et cadencée, les yeux fermés, en soupirant :

« Oh ! que je voudrais donc aussi dormir ! »

Et comme l'image de Walter lui revenait sans cesse à l'esprit :

« L'autre, se disait-elle, avait un fiancé comme moi, jeune, amoureux. »

Elle rêvait à cela; l'horloge, dans la salle en bas, sonnait lentement les heures, et enfin Lina venait de s'assoupir, quand tout à coup, entr'ouvrant les yeux à je ne sais quel bruissement léger, une inquiétude terrible la saisit, elle se leva sur le coude, regardant dans la petite chambre obscure; puis touchant sa sœur tout doucement :

« Oh ! Frida... Frida, murmura-t-elle, regarde... regarde !... »

Et la petite, à demi réveillée, écarquillant les yeux, demanda :

« Qu'est-ce que c'est ?

— Tu vois la jeune fille, murmurait Lina, d'une voix si basse qu'à peine pouvait-on l'entendre... c'est elle... là... devant la table... elle tient le portrait de son fiancé... Oh ! qu'elle est belle !... Tu la vois, sœur ? Oh ! mon Dieu, qu'elle est gracieuse !... on dirait un ange.

— Je ne vois rien, murmurait Frida. Non ! c'est l'ombre des feuilles qui tremble sur le mur. »

En ce moment, quelques feuilles s'agitèrent aux vitres de la mansarde : un petit oiseau s'envolait au clair de lune.

Lina, exhalant un soupir, murmura :

« Elle vient de s'envoler... Tu n'as rien vu, Frida ?

— Non ! ce n'était rien.

— Oh ! chère sœur, que serais-je devenue sans toi ? Je serais morte de peur... C'était elle.

— Qui ?

— La fille du Français; hier soir le pauvre homme est revenu, et sa fille est rentrée à la maison pour voir sa petite chambre. Il ne faut pas en parler à notre mère, elle dirait que je suis folle.

— Non ! je ne dirai rien.

— Passe-moi le bras autour du cou, petite sœur, pour que la Française ne vienne pas me prendre... car elle doit nous en vouloir, la pauvre fille !... Elle a perdu son fiancé... Si je perdais mon Walter, je mourrais comme elle. »

Alors Frida, l'embrassant, murmura :

« Il faut prier Dieu... nous n'avons rien fait, nous ! nous ne sommes pas cause de ses malheurs. »

Et les deux sœurs, entendant sonner deux heures à la vieille horloge, finirent par s'endormir tout doucement.

Le lendemain, Frida, n'osant rien dire à sa mère de ces choses merveilleuses, les raconta en confidence à la veuve Baptiste, qui la regardait en pensant que Marie-Rose était revenue au pays.

Cela lui paraissait d'ailleurs tout naturel, son mari était venu la revoir plusieurs fois en rêve, pour lui recommander d'envoyer leur fils en France, dès que l'époque du service militaire serait proche.

Mais, chose bien plus surprenante, Wilhelm Gotthelf et sa femme avaient conçu de tristes appréhensions à la suite de ces événements.

Ce n'est pas que Wilhelm fût superstitieux, non ! comme tout bon Prussien, il ne croyait qu'à la réalité des marcs et des pfennings qu'il tenait dans sa main, et pourtant quel hasard étrange que le retour de l'ancien forestier juste à la veille du mariage de sa fille !

Qu'est-ce que cela pouvait signifier ?

Dans tous les cas, rien de bon.

« Cet aveugle, se disait-il, avait mes champs, ma maison, mon bétail et ma place: il vivait fort à son aise avant notre arrivée en Alsace-Lorraine, quand on l'a mis à la porte pour me donner la jouissance de ses biens.

« Méfie-toi, Gotthelf, de cet homme, il a conservé des amis dans la montagne, ils iront le trouver et lui demander conseil contre la vieille patrie allemande.

« Il engagera les gens à tenir ferme contre nous: il ne fera que ruminer des projets dangereux. Qu'est-ce qu'un aveugle peut faire que de ruminer ! »

Quant à la vieille Hedwige, ses craintes étaient d'une autre nature ; elles se rapportaient au départ précipité de Ragot.

« Cet animal-là, pensait-elle, se retire de la maison, comme les rats se sauvent à la nage d'un vieux bateau de Frische-hoff sur le point de couler à fond ; j'ai vu cela cent fois, c'est un mauvais signe. »

Elle en dit quelques mots à Wilhelm qui, se trouvant de son avis, résolut d'aller reprendre le chien et de le ramener à coups de cravache.

« Si quelqu'un ose résister, dit-il, gare ! Je me charge de remettre tous les gueux du Graufthal à la raison. »

Ainsi s'entretenait l'heureux couple, et les résolutions de Gotthelf restèrent arrêtées de la sorte.

VII

Cependant, après avoir dépassé la maison forestière, le brigadier Frédéric, devenu plus

« Tu vois la jeune fille, » murmurait Lina... (Page 39.)

calme, avait poursuivi son chemin au bras du charbonnier.

La nuit approchait ; les hautes roches du Graufthâl brillaient seules encore au-dessus des bois déjà sombres ; une grive chantait la retraite du jour, dernier soupir de vie dans la solitude ; puis tout se tut, la lumière se retira des sommets.

C'était la nuit noire. A cent pas devant eux apparurent, au tournant du vallon, les rares lueurs du hameau, reflétées dans le petit ruisseau de la Kritzmuhle.

« Frédéric, dit alors le charbonnier, nous sommes chez nous, en face de la Roche-Creuse, et nous n'avons plus qu'à monter. »

Ils se mirent donc à grimper lentement le sentier, et dans le même moment Ragot aboyait ; il était arrivé depuis vingt minutes, ayant deviné que son maître se rendait aux roches.

Une porte s'ouvrit au milieu des ténèbres, et sur le devant parut l'ombre de Thérèse, avec son béguin alsacien, les grands rubans noirs déployés comme les ailes d'un papillon de nuit, et le jupon de laine pendant en franges le long de ses jambes.

Près d'elle se dessinait aussi l'ombre de Ragot et plus loin, au fond de l'excavation, le profil de Hulot, son bonnet de loutre, tiré sur la nuque, le bout de pipe noir dans les moustaches, vivement éclairé par la flamme de l'âtre.

Annette se tenait auprès, attisant le feu.

« Quelqu'un monte, s'écria Thérèse.

Ils restèrent ainsi quelques minutes. (Page 45.)

« — Oui!... C'est nous! » répondit le charbonnier.

Aussitôt Hulot, Annette, Thérèse étaient dehors; on s'embrassait en silence.

« Je retrouve des amis, dit l'aveugle, donnez-moi la main, car maintenant je ne reconnais les amis qu'en leur donnant la main. »

Aucun des autres ne parlait; leur émotion était trop profonde.

Puis on entra; Starck avança un escabeau, et, conduisant l'aveugle, il lui dit :

« Assieds-toi là... près du feu. »

Ce qu'il fit, et le chien vint poser la tête sur ses genoux.

La caverne était haute de trois mètres environ, elle était profonde de six et formait deux chambres séparées par un mur : à droite celle de Starck et de sa femme, à gauche celle de Hulot et de Thérèse.

Plus loin, à droite, se trouvait encore une excavation assez étendue, mais la voûte du rocher était en pente, il fallait se baisser pour y entrer. L'unique lucarne de ce réduit dominait au dehors les toits du hameau.

L'âtre était au fond de la plus grande chambre, celle du charbonnier; la fumée montait par une fissure; deux lits à grosses couvertures de laine, une table en bois, des escabeaux, quelques vases de faïence, des gobelets et des assiettes d'étain rangés sur une sorte d'étagère, des scies, des haches, des tenailles suspendues au mur, composaient l'ameublement de cette demeure.

On se trouvait là dans un monde primitif, le monde des premiers hommes ou du moins celui de la vieille Gaule avant l'apparition des Romains, quand la chasse et la pêche formaient toute l'existence de la race celtique.

Du reste, l'habitation était saine, le roc ne laissant filtrer aucune humidité de la montagne qui s'étendait au-dessus, avec ses forêts et ses bruyères.

Starck et les autres, restés debout, regardaient l'aveugle; leurs traits exprimaient un sentiment de pitié impossible à rendre.

Lui, grave et recueilli, semblait perdu dans ses réflexions.

« J'aurais été vous prendre moi-même, sergent, dit Hulot, si je n'avais pas eu des marchandises à passer en Alsace; j'ai prévenu Starck, il est parti tout de suite vous chercher.

— Je sais cela, Hulot, répondit l'aveugle, et je vous en remercie. »

Puis, au bout d'un instant :

« Nous ne pensions pas, mon vieux camarade, dit-il, quand nous étions à la première compagnie du 2ᵉ du génie, détachée à Oran, qu'un jour je viendrais, aveugle, vous demander un asile comme étranger, dans mon propre pays d'Alsace !

— Non, sergent, dit Hulot... A Oran, quand vous obteniez votre congé définitif et que tous les anciens du détachement vous reconduisaient sur la route de Tenès, personne ne se figurait de pareilles choses. Nous pensions : — Notre brave sergent Bëhme retourne en France; il va demander une place de forestier au milieu de ses sapins, il l'obtiendra facilement et sera heureux.

« Et après s'être embrassés au petit bouchon du *Colon économe*, vous étiez déjà loin qu'on vous criait encore : — Adieu, Frédéric, bonne traversée !...

« Ah ! si dans ce temps les Prussiens s'étaient permis de nous regarder de travers, leur compte n'aurait pas été long; il a fallu le gouvernement d'un despote pendant dix-huit ans pour nous réduire où nous en sommes.

— C'est vrai, tout se paye, dit le brigadier, nous payons et nous avons déjà payé nos fautes; les Allemands payeront les leurs, et la dette sera lourde, car ils nous ont fait ce que nous n'avons pas même fait aux Arabes: nous ne leur avons pas dit : — Tu vas me donner tes enfants pour servir contre toi, pour tirer sur leur père, sur leur mère, sur leurs frères si je l'ordonne... ou tu quitteras la terre que tes anciens ont cultivée depuis des centaines d'années, tu n'y remettras jamais les pieds !... C'est infâme, c'est contre nature, c'est un affront à tout le genre humain.

« Les Spahis et les Turcos arabes sont engagés volontaires sous nos drapeaux; on ne les a pas forcés.

— Oui, sergent, ajouta Hulot, et si l'on a fusillé les Arabes, c'est qu'ils avaient commencé par couper la tête de nos blessés et de nos prisonniers; les Prussiens, eux, ont fusillé et pendu nos francs-tireurs qui défendaient leur pays... et ils ont encore l'effronterie de parler de leur générosité !... Mais ces choses, vous les connaissez comme moi, sergent, nous en causerons plus tard. Voici ma femme qui vient de poser votre assiette devant vous, nous allons manger et boire un bon verre de vin, ensuite vous irez dormir dans notre meilleur lit, car vous devez être fatigué. »

En effet, on venait de dresser la table, et quand, pendant le repas, Bëhme avait besoin de quelque chose, on le lui mettait sous la main.

« Frédéric, lui dit alors le charbonnier, tu es maintenant au milieu de tes meilleurs amis; nous sommes ta famille, puisque tu n'en as plus d'autre... Tantôt ma femme, tantôt ma sœur, moi ou Hulot, nous serons auprès de toi; tu ne seras jamais seul; et les amis du village viendront te voir, te raconter les nouvelles... Cela vaudra mieux que d'être dans un hôpital.

— Oui, dit-il, et je vous remercie tous d'avance; vous me donnez la seule satisfaction que je puisse encore espérer en ce monde. Vous n'oublierez pas non plus mon vieux Ragot, car il veut rester Français avec nous... n'est-ce pas, Ragot ? »

Le chien se dressait, les pattes sur ses genoux, en le regardant.

« Soyez tranquille, sergent, disait Hulot, il est des nôtres et restera toujours avec vous. »

Le repas terminé, Frédéric Bëhme ayant manifesté l'intention de prendre du repos, Thérèse le conduisit dans sa petite chambre, la dernière, en lui disant de se baisser.

Elle lui fit toucher de la main tous les objets dont il pouvait avoir besoin : le lit, sa valise ouverte sur la table, etc.; après quoi, lui souhaitant le bonsoir, elle sortit.

Il se coucha et Ragot vint s'étendre à ses pieds.

VIII

Le lendemain, de bonne heure, Hulot et Starck avaient disparu ; l'un était à ses affaires de contrebande, l'autre dans sa charbonnière, et les pauvres gens du Graufthâl, hommes, femmes, enfants, savaient que l'ancien brigadier Frédéric Behme venait de rentrer au pays et logeait chez Jean Starck, à la Roche-Creuse.

Ils y montaient à la file pour le voir.

Behme, assis près de l'âtre, Ragot à ses pieds, sa tête chauve entourée de quelques cheveux blancs, les recevait d'un air grave ; et, à mesure que l'un d'eux paraissait, Thérèse, en train de laver sa vaisselle sur l'évier, le nommait :

« C'est un tel, brigadier... c'est notre voisine Marceline Burnet ; c'est Jean Pierre Postel, le tisserand ; c'est François Remy, le cordonnier ; etc. »

Alors sa figure s'animait, il tendait la main au nouveau venu.

« Ah ! grand'mère Burnet, faisait-il, j'avais reconnu votre pas à la porte... Vous n'allez plus vite... et Thérèse m'a raconté que, depuis le départ de votre fils Nicolas, vous êtes bien seule et bien chagrine.

— Oui, brigadier Frédéric, faisait la vieille : vous comprenez, à mon âge, quatre-vingt-trois ans... Je me reposais sur lui. Mais il a voulu partir comme les autres, avec tous les petits enfants qui risquaient de tomber plus tard à la conscription des Prussiens. Et voilà que je suis seule...

— Ce sont de grandes misères, répondait l'aveugle, et nous en avons tous notre part. Vous le voyez, grand'mère, je suis encore plus à plaindre que vous... Au moins, vous conservez la vue du ciel... quand un ami s'approche, vous le reconnaissez. Avec votre petit champ, que les voisins vous aident à cultiver, et vos deux chèvres, vous vivez tout doucement. Vous avez des fleurs sous votre fenêtre dans le jardinet : c'est ce que vous aimez. Et puis, vous recevez aussi de temps en temps une lettre de vos enfants... vous priez pour eux. Moi, je n'ai plus personne.

— Mon Dieu ! disait la pauvre vieille, le mal de l'un ne guérit pas celui de l'autre.

— Non, grand'mère... mais il faut toujours penser qu'on aurait pu être encore plus malheureux. Et, à la fin du compte, à regarder les choses de près, qu'est-ce que la vie ? Si les gueux ne devaient pas finir comme nous, si tous leurs vols devaient leur rester, alors ce serait terrible. Mais ils rendront tout et ne laisseront que le souvenir de leurs abominations. En outre, avec un peu de courage, la chance peut nous revenir.

— Sans doute, brigadier ; mais, à quatre-vingt-trois ans, il est bien tard pour que la chance nous revienne.

— Eh bien, elle viendra pour les autres, qui nous vengeront.

— C'est toujours ce que je dis.

— Et vous avez raison, grand'mère.

— Voici Diderich, disait Thérèse.

— Ah ! c'est vous, Diderich ! Oui, je reconnais cette large main qui manie la hache depuis cinquante ans. Ah ! je suis content de la tenir... Asseyez-vous, Diderich, et bonjour, grand'mère Burnet ; venez me voir quelquefois, quand vous en aurez le temps.

— Oui ! oui ! brigadier », faisait la vieille en s'en allant.

Et le bûcheron, tout ému, disait :

« Quel malheur de vous revoir au bout de dix ans dans un état pareil, brigadier ! C'est terrible !

— Hé ! sans doute ; mais depuis que j'entends la voix de quelques vieux amis, de braves camarades comme vous, un grand poids se lève de mon cœur, Diderich ; le plus terrible, c'était d'être seul dans une mansarde à Paris et de rêver durant des jours et des nuits à nos misères, à la scélératesse de nos ennemis... Voilà ce qui me tuait, ce qui m'a rendu aveugle ! Si je n'étais pas devenu aveugle, j'en serais devenu fou... J'aime encore mieux avoir conservé ma raison... Mais ne parlons pas de ça ; vous allez toujours bien, Diderich ?

— Toujours, brigadier ; malgré mes soixante-sept ans, la cognée n'est pas encore trop lourde pour mon bras.

— Ah ! tant mieux !... tant mieux !... Et l'on fait toujours de grandes coupes ?

— Ne me parlez pas de ça, s'écriait le vieux bûcheron ; ces Prussiens ont tellement besoin d'argent, qu'ils abattent tout : les jeunes taillis comme la haute futaie ; ils ne ménagent rien pour l'avenir ; on voit qu'ils se dépêchent de tout fourrer dans leurs poches, parce qu'ils ont la conscience mauvaise et que l'idée leur revient toujours qu'il faudra partir tôt ou tard, que ce bien ne leur appartient pas et qu'il faut en enlever tout ce qui se détache.

— C'est possible, Diderich; un bon père de famille ménage son bien, mais qu'un gueux en devienne le maître par hasard, comme il ne l'a pas acquis honorablement et qu'il ne sait pas ce qu'il a coûté de travail et d'économie, il le ruine. Tous les voleurs sont des bourreaux d'argent; ils ne pensent qu'à faire travailler les autres à leur profit.

— C'est clair, faisait Diderich; il faudrait que nous autres Alsaciens et Lorrains, nous travaillions comme des nègres pour que les nobles Prussiens puissent vivre dans l'orgueil et la paresse. Mais s'ils comptent faire de nous leur bétail, s'ils nous prennent pour des Bavarois, des Badois et des Wurtembergeois, ils se trompent.

— Je le crois aussi, » disait Böhme.

Puis, ayant réfléchi quelques instants :

« Alors, reprenait-il, ces Prussiens abattent tout?

— Tout, brigadier; des pans entiers de forêt ont disparu; sur de longues côtes autrefois couvertes de bois en plein rapport, on ne voit plus que des roches, des genêts, des ronces, des bruyères... C'est une destruction générale! Vous savez que dans le temps nos bois de construction et de marine étaient notre plus beau commerce? Eh bien, c'est fini! Et cela ne rend pas ces Prussiens plus riches; chaque jour on les voit de plus en plus tourner les yeux de l'autre côté des Vosges, en se disant que là-bas il reste encore de magnifiques pays à piller. C'est leur idée principale, et des quantités d'entre eux vont passer l'inspection de ces biens d'avance, comme avant 1870 ils venaient chez nous.

— Oui, dit le brigadier, on s'en doute à Paris. Ces gens ont eu la chance de trouver chez nous un imbécile, pour les écouter d'abord, pour suivre leurs conseils ensuite, et finalement pour leur déclarer la guerre quand ça leur convenait; ils se figurent que les choses tourneront toujours de même, que les Français sont des bêtes!... Eh bien, ils se trompent... oui... et ils se préparent de terribles surprises!...

— Voici Jeanne Duhem qui monte avec ses trois garçons et ses deux petites filles, interrompait Thérèse. Vous savez, brigadier, que son mari, Jacques Duhem, a été fusillé comme franc-tireur du côté de Marsal?

— Oui, je le sais, répondait le brigadier en serrant la main de Diderich.

— J'espère, brigadier, que vous viendrez quelquefois à l'auberge de la Pomme-de-Pin, lui disait le bûcheron en se levant.

— Oui, Diderich, mais nous ne boirons pas de *spritz*.

— Ah! pour cela, vous pouvez y compter, nous n'avons pas envie de nous empoisonner, nous connaissons le poison prussien!

— A la bonne heure! Je viendrai plus tard, pour ne pas forcer Annette et Thérèse de rester toujours ici, près de moi, et pour voir le père Ykel qui ne peut venir à cause de ses rhumatismes.

— Ykel est mort depuis cinq ans, disait Thérèse.

— Eh bien, j'irai voir sa fille et son gendre Hocquart. »

Et comme le bûcheron sortait, entrait Jeanne Duhem avec ses enfants.

C'était une petite femme brune et pâle.

« Père Frédéric, c'est moi, disait-elle, Jeanne Duhem; je vous amène mes enfants qui vous connaissent tous et qui savent ce qu'on vous a fait; le plus petit a dix ans; je l'allaitais quand on a fusillé son père.

— C'est bien, Jeanne, donnez-moi la main; vous êtes une brave femme; on m'a raconté votre courage; il vous en a fallu pour élever toute cette famille en travaillant de vos mains à la forêt.

— J'ai rempli mon devoir, disait-elle. Allons, enfants... approchez-vous, que le brigadier vous connaisse! C'était un ami de votre père; ils ne l'ont pas fusillé tout de suite, lui, ils lui ont seulement tué sa fille et fait mourir sa vieille mère Anne. Jacques, avance. »

Le brigadier étendait les mains et murmurait :

« Oui... je veux vous connaître!... »

De grosses larmes remplissaient ses yeux.

« Celui-ci, c'est l'aîné, fit-il en passant les mains sur la figure du jeune garçon.

— Oui, brigadier, il a dix-huit ans.

— Comme il ressemble à son père! Il est grand et fort, il a le nez aquilin, le menton carré. Il remplacera celui qu'on a fusillé, n'est-ce pas, Jacques?

— Oui, brigadier, répondit le garçon tout pâle.

— Je suis sûr qu'il aide bien sa mère.

— Je suis contente de lui, dit la petite femme; à dix ans il m'aidait déjà, et tous les jours il me demandait ce que les Prussiens avaient fait à son père. Je leur racontais ça; le petit Paul, c'est le second, écoutait déjà, et ma petite Jeanne comprenait encore mieux que les autres. »

Le vieux forestier leur touchait à chacun la figure, les cheveux.

« Celle-ci, c'est vous, dit-il ; vous avez bien fait de l'appeler Jeanne, car c'est vous-même ; elle doit avoir votre caractère.

— Ce que je pense, elle le pense, et ce que je veux, elle le veut!... Pour nous tuer, les Prussiens auraient besoin de nous fusiller tous ensemble, car celui qui resterait remplacerait tous les autres.

— Embrasse-moi, Jeanne, dit le brigadier, et toi aussi, Jacques, et toi, Paul... venez !... Tant qu'il en restera de votre espèce, les Prussiens n'auront pas gagné.

— Voici les plus petits, dit la mère, Pierrette et Jean ; ce sont aussi des bons. »

L'aveugle les faisait asseoir sur ses genoux et les embrassait.

« Faites toujours ce que votre mère vous dira, et souvenez-vous de votre père, disait-il. Le brave homme ne peut plus vous embrasser, je vous embrasse pour lui, vous m'entendez ?

— Oui, répondait le plus petit, qui n'avait pas plus de dix ans, et nous vous aimons aussi, parce que vous avez été l'ami de notre père et que les Prussiens vous ont chassé, qu'ils vous ont tué votre fille Marie-Rose, et qu'ils vous ont fait aveugle. Nous vous aimons, brigadier. »

Et tous les enfants, d'une seule voix, répétèrent : « Nous vous aimons ! »

Puis l'aîné s'avançant et lui serrant la main, les dents serrées, murmura :

« Soyez tranquille, brigadier, nous n'avons rien oublié et nous n'oublierons rien. »

L'aveugle, les yeux humides, dit alors :

« J'ai bien fait de revenir ! Je vois que s'il y a des gueux par ici comme partout, la bonne race n'est pas éteinte. Jeanne, vous leur défendrez de boire du *spritz*.

— Ne craignez rien, brigadier Frédéric, on ne me les empoisonnera pas ! Ils ne deviendront pas des brutes allemandes, que les Prussiens conduisent à la trique. »

Jeanne Duhem et ses enfants se retirèrent, et d'autres vinrent à la file jusqu'au soir.

Frédéric Bëhme put reconnaître combien tout ce monde l'aimait encore, et cette consolation, pour un homme de cœur, est grande.

A l'approche de la nuit, il voulut aller visiter la tombe de la grand'mère Anne ; le cimetière du hameau se trouvait au bord du sentier, à quelques pas de la roche ; il s'y rendit avec Thérèse qui le guidait.

Rien de primitif et de mélancolique comme ce petit carré de terre au penchant de la colline, entouré de ronces, avec ses quelques croix vermoulues ornées de guirlandes en papier flétri papillotant à la brise.

Que les pauvres gens enterrés là, côte à côte, après une longue vie de travail obscur et de labeur, dormaient bien !

De toutes les lucarnes environnantes on voyait leurs tombes, et l'on pouvait se les figurer encore en bonnet de coton, en veste de velours et pantalon de toile, et les bonnes femmes en petites cornettes lorraines et jupes de toile bleue, assoupies dans leur dernière demeure.

Ils n'avaient pas rempli le monde du bruit de leurs exploits ; ils n'avaient pas foulé le genre humain de leur orgueil. La mort n'avait pas eu besoin de leur ouvrir les mains pour en arracher des vols et des rapines ; elle n'avait pas abattu d'un souffle leur couronne, elle n'avait pas étalé dans la boue leur vanité ! Leurs petites tombes, déprimées par le temps, n'éveillaient dans l'esprit que cette idée claire et simple : « Je fus ce que tu es, tu seras bientôt ce que je suis ! Sois donc modeste et tâche de te faire aimer, c'est le seul bien réel. »

« C'est ici, brigadier, dit Thérèse, lorsqu'ils furent auprès d'une croix déjà vieille, penchée au milieu des autres... Ici!... »

Elle lui guidait la main, et quand il eut touché la croix, il se découvrit.

Thérèse s'agenouilla.

Ils restèrent ainsi quelques minutes.

« Pauvre grand'mère, murmurait le vieillard, que tu as bien fait de mourir, pour ne pas voir nos misères!... »

C'est tout ce qu'il dit, et puis ils s'en retournèrent lentement.

Ragot ne quittait plus son maître. Le jour touchait à sa fin, et, leur modeste repas du soir terminé, Bëhme alla dormir comme la veille au fond de son réduit.

Thérèse ayant lavé sa vaisselle et mis en ordre son petit ménage, allait aussi se coucher quand la porte s'ouvrit et que Hulot parut.

« Tiens ! c'est toi, lui dit-elle, tu ne devais revenir que demain.

— Oui ! mais j'ai changé d'idée, fit-il en posant son bâton ferré dans un coin. Où est Jean?

— Il est retourné à sa charbonnière.
— Et ma sœur?
— Elle est allée le rejoindre. »

Hulot s'assit après avoir tiré lui-même de l'armoire un plat de viande, la miche de pain, la bouteille, et se mit à manger en demandant :

« Le sergent dort?
— Oui. »

Quoique parfaitement calme selon son habitude, Thérèse remarquait dans l'expression de ses petits yeux vifs un sentiment d'inquiétude, comme à l'approche de quelque expédition hasardeuse.

Enfin, ayant achevé rapidement son souper et bu un bon coup de vin, se retournant et regardant sa femme qui l'observait, toute curieuse de savoir ce qui l'avait fait revenir si vite, il lui dit :

« Avant-hier soir, ton frère, le grand charbonnier, et le sergent ont passé par Dabo; ils se sont arrêtés à l'auberge de Schnéegans, où les bûcherons du Dagsberg se trouvaient réunis, car on venait de faire une grande vente de bois aux environs.

« On buvait du *spritz*, naturellement; et comme la troupe Waldhorn venait d'arriver, ton frère et le sergent se mirent à chanter la vieille chanson des *Pandours*... tu sais? « Les Pandours sont à Haguenau... »

Hulot chantait à demi voix, en ouvrant la bouche jusqu'aux oreilles d'un air moqueur.

« Eh bien ? fit Thérèse.
— Eh bien, dit-il, on les aurait arrêtés tout de suite, car le *commissari* prussien Arnold se trouvait là; on les aurait conduits à Saverne et plus loin, si les bûcherons n'avaient pas été réunis et contents de les entendre chanter cette vieille rangaine, ou si le *commissari* avait eu quelques gendarmes sous la main.

« Il pensait que ton frère et le sergent resteraient le lendemain au Dagsberg et qu'il aurait le temps d'aller chercher main forte pour les empoigner.

« Voilà pourquoi ils eurent le temps de repartir au petit jour et de gagner le large.

« C'est Marie-Barbe, la femme de Schnéegans, qui m'a raconté tout ça.

« Le lendemain, entre neuf et dix heures, les gendarmes arrivaient, mais les oiseaux avaient déniché. »

Thérèse, à ce récit, le regardait stupéfaite.

« Malheureusement, reprit Hulot, le *commissari* se souvint des bohémiens et l'on se mit à leur recherche.

« Ils furent arrêtés hier soir du côté de la Steinbach, et Waldhorn, en se voyant pris pour une affaire qui ne le regardait pas, déclara que les chanteurs s'appelaient Jean Starck, charbonnier au Graufthal, et Frédéric Bêhme, ancien brigadier-forestier au vallon de Thommenthal; ce qui le fit relâcher aussitôt avec ses fils.

« Ce sont les deux autres qu'on veut tenir, tu comprends, et ton frère risque d'être arrêté ce soir même dans sa charbonnière, s'il ne se dépêche pas d'aller faire du charbon de l'autre côté des Vosges.

— Ah! mon Dieu... mon Dieu, quel malheur! s'écria la pauvre femme.

— Oui! mais nous avons le temps de le prévenir; tu vas partir tout de suite pour le Fälberg; si je n'avais pas des marchandises qui doivent passer les lignes demain soir, j'irais moi-même; tu le connais, en voyant arriver les gendarmes, il serait capable de vouloir se défendre avec sa trique, on le fusillerait à bout portant, et puis les Prussiens lui sauteraient sur le ventre, ce qu'ils font toujours quand les gens sont à terre.

« Ainsi ne perds pas de temps... Est-ce qu'il a touché le prix de sa saison?
— Non.
— Eh bien, voici cent cinquante francs en argent de France et cinquante en marcs et en pfennings; tu lui remettras cela, nous réglerons plus tard. »

Thérèse, sans faire aucune observation, se dépêcha de mettre ses souliers, et comme elle sortait précipitamment, Hulot lui criait :

« Prends garde de rien perdre. »

Puis, s'avançant sur le seuil, il la regardait s'éloigner en courant, au clair de lune.

Après quoi, rentrant et tirant le verrou de la porte, il s'étendit dans un fauteuil de bois près du feu, il alluma sa pipe et se mit à rêver selon son habitude.

Tout se taisait aux environs, sauf le cri des chouettes tourbillonnant autour du rocher, pas un bruit ne s'entendait ni de près ni de loin.

Le contrebandier s'endormit profondément à côté de la lampe, qui finit par s'éteindre faute d'huile.

IX

Lorsque Thérèse et Annette parurent sous la roche aux premières lueurs du matin, Hulot avait déjà repris la campagne.

Elles écoutèrent.

« Le brigadier dort encore, murmura Thérèse; il faudra tout lui dire.

— Non, il vaut mieux attendre, répondit la femme de Starck; les Prussiens ne viendront pas l'arrêter, puisqu'il est aveugle. Pourquoi chagriner ce pauvre homme?

— Tu as raison, Annette... Mais quand il demandera Jean?

— Nous lui dirons qu'il est à l'ouvrage... et puis nous verrons. »

Tout en causant, elles se dépêchaient de rallumer le feu, d'éplucher quelques légumes et de suspendre leur marmite à la crémaillière.

« Starck est déjà bien loin, disait Annette, il doit avoir gagné Moutzig; ce soir, il sera de l'autre côté. Mais, gare! quand les Français reviendront! Il sera l'un des premiers pour les conduire dans la montagne. C'est lui qui connaît les défilés! »

Elle allait, venait, dans une agitation extrême, lorsque Thérèse, regardant par hasard dehors, s'écria :

« Voici le garde prussien... Wilhem Gotthelf. Qu'est-ce qu'il vient faire ici de si bon matin, le gueux? »

Wilhelm venait chercher son chien, il était armé d'une cravache et portait son fusil en bandoulière.

« Ah! ah! s'écria-t-il, j'arrive, à la fin!... J'espérais toujours qu'on me ramènerait mon chien, mais il faut que je vienne le chercher moi-même.

— Votre chien! s'écria Thérèse, dites le chien que vous avez volé! Ce chien-là, vous l'avez attaché dans votre chenil plus de trois mois, pour l'empêcher de retrouver son maître, qui s'en allait en France, le pauvre homme, par ordre du Kreiss-Director. Ragot savait bien que cette maison n'était pas à vous; il rôdait autour, et vous l'avez happé comme tout le reste. En changeant les noms, vous croyez, vous autres, qu'on ne reconnaît plus son bien, sa maison, sa ville, son pays!... Ah! vous êtes de braves gens! »

Gotthelf semblait ne pas l'entendre, il faisait siffler sa cravache et criait :

« Ralff!... ici!... ici... Ralff! Ah! gueux, on te cache! mais je te trouverai tout de même. »

Annette alors, déjà exaspérée du départ de Starck, saisissant une hachette, dit au garde prussien, debout sur le seuil de la caverne :

« Écoutez... vous n'entrerez pas ici... je vous le défends... et votre fusil ne me fait pas peur. Allez chercher le bourgmestre! Allez chercher des témoins, et l'on verra si vous avez volé le chien, ou si nous l'avons volé. On s'expliquera... Mais vous n'avez pas le droit d'entrer chez les gens tout seul!...

— Hé! dit Gotthelf en ricanant, vous voulez des témoins! vous voulez le bourgmestre pour une visite en règle?... Eh bien, je ne demande pas mieux, on trouvera peut-être dans votre nid autre chose que mon chien... du tabac, de l'eau-de-vie, des fagots verts, des lacets, des filets...de tout!... Oui!... oui!...vous avez raison, le bourgmestre ne sera pas de trop; depuis longtemps j'avais cette idée. »

Et dans le moment même où, après avoir encore lancé deux ou trois coups de sifflet, il allait redescendre, le brigadier Frédéric, éveillé par tout ce bruit, s'avança sur la porte en pantalon et bras de chemise.

« Qui est là? demanda-t-il.

— C'est moi.

— Qui, vous?

— Moi, Gotthelf, brigadier-forestier au Tommenthal.

— Ah! dit l'aveugle avec un sourire amer, c'est vous, brave homme! Et que me voulez-vous?

— Je viens reprendre mon chien.

— Votre chien! dit le vieillard, les traits décomposés par l'indignation. Quoi! non content de m'avoir tout pris, tout arraché, vous voulez encore m'enlever le seul être qui me reste au monde? Vous n'avez donc pas de cœur, vous êtes donc un barbare!

— Aveugle, cria Gotthelf, retiens ta langue et souviens-toi que les rochers ont des oreilles.

— Oui! dit Bêhme, voilà votre fort!... C'est avec vos oreilles, en écoutant aux portes, en entrant comme amis dans nos maisons, pour nous épier et nous trahir, c'est avec cela que vous nous avez vaincus!... Oui!... oui!... Dix ans à l'avance vous avez fait ce métier d'espions, et puis, vous êtes venus!... Ah! vous êtes des braves!...

— C'est bien, dit Gotthelf, en tournant les talons, je ne t'ai pas fait parler; tu as parlé tout seul et tu sauras, vieux gueux, ce que cela va te coûter. »

Il partit et Bêhme, tout pâle d'indignation, s'assit sur le seuil de la caverne en murmurant :

« Et dire que je ne pourrai même plus tirer un coup de fusil! C'est fini... fini!... Un verre d'eau pour l'amour de Dieu!... un verre d'eau!... »

« Ecoutez.. vous n'entrerez pas ici... » (Page 47.)

Thérèse lui présenta un verre d'eau, il but et dit .

« Merci... j'étouffais! Oh! quelle horrible chose que la vie! Cela ne finira donc jamais? »

Le vieux chien semblait avoir compris cette scène, il posait sa tête sur la main du vieillard, qui lui disait .

« Va! je ne t'abandonnerai pas! Il nous tueront ensemble. »

Puis, recueillant toutes ses forces, il se leva, rentra dans son réduit et finit de s'habiller.

La consternation était peinte sur la figure des pauvres femmes.

« Quel bonheur, disait Annette, que Starck n'ait pas été là! Il aurait assommé le garde.

— Oui, répondait Thérèse, mais il va revenir avec le bourgmestre, et alors il faudra bien lui rendre le chien. »

Bhême rentra plus calme, mais très abattu ; il s'assit près du foyer en disant :

« Je suis bien malheureux de vous causer toutes ces misères!... Ce n'est pas ma faute.. j'espérais qu'on me laisserait finir ici tranquille!

— Ah! ce n'est rien, brigadier, lui dit Thérèse attendrie ; c'est pour vous que nous craignons, car tous ces Prussiens n'ont d'égards ni pour les femmes, ni pour les enfants, ni pour les vieillards.

— Je le sais, fit-il ; Marie-Rose et la pauvre grand'mère me l'ont appris. »

Annette venait de sortir; ne pouvant, selon

« Que voulez-vous?... » (Page 49.)

sa nature, tenir en place, elle balayait le devant de la porte et tout semblait apaisé, au moins pour ce jour, quand tout à coup la sœur de Hulot rentra en s'écriant :

« Des casques! Toute la brigade de Saverne! »

Thérèse aussitôt s'élança dehors et dit :

« Ils n'ont pas trouvé Starck à la charbonnière, et maintenant ils viennent ici pour l'arrêter.

— Pour l'arrêter! s'écria Bêhme en se levant, et pourquoi?

— Ah! dit Thérèse, autant que vous le sachiez tout de suite, puisque les autres arrivent... C'est pour votre chant des *Pandours* à Dabo. »

Ce nouveau coup parut terrasser le vieux forestier, il resta deux secondes la tête basse, les bras pendants, comme anéanti. Mais les pas s'étant rapprochés et retentissant déjà sur la terrasse, il se ranima, et, le front haut, s'avançant sur le seuil, il demanda :

« Que voulez-vous? Est-ce le brigadier Frédéric que vous cherchez?... Le voici!... »

Avant de lui répondre, le chef d'escouade, un gaillard grand et fort, à moustaches rousses, la visière du casque abritant son nez recourbé, commença par le regarder des pieds à la tête.

Puis, se tournant vers ses hommes, il leur dit :

« Voilà déjà l'aveugle... celui-là ne s'échappera pas de la tanière. »

Tout en parlant, il écartait brutalement le

vieillard du coude, et promenait les yeux en tous sens.

La pointe de son casque touchait presque à la voûte

« Quel nid de chauves-souris ! s'écria-t-il en apercevant les femmes, et partant d'un éclat de rire. Est-il possible que des êtres humains vivent encore dans des trous pareils?

— Ah ça! fit Annette, en lui lançant un regard de haine sauvage... Ah ça! Prussien, c'est donc pour insulter des femmes et un vieillard aveugle que vous êtes venus? Ça ne m'étonne pas; forts et lâches! ça marche ensemble chez vous. »

Le corporal, à ces mots, l'observa du coin de l'œil et répondit :

« Toi! tâche de te taire! Ou nous te mettrons dans le paquet de linge sale avec les deux autres pour vous expédier ensemble. »

Et comme elle tenait encore sa hachette :

« Karl, dit-il à l'un de ses hommes, ôte-lui ça! Cette espèce d'êtres vous frappe par derrière.

— Vous nous prenez pour des Prussiens, » dit-elle en jetant sa hachette dans un coin d'un air de mépris.

En ce moment, la caverne était envahie, on repoussait les femmes au fond, et Gotthelf, qui suivait l'escouade, tout heureux et tout fier du renfort qu'il recevait de la divine providence, restait seul à la porte, regardant ce qui se passait.

« Il s'agit maintenant, s'écria le corporal, de trouver l'autre, le grand, le fort, le terrible charbonnier qui se cache; il ne peut pas être loin; il doit être là, fit-il en indiquant l'entrée de la chambre de Bëhme. Entre là-dedans, Karl, dit-il à son second, et ramène-moi lestement le gueux.

— S'il était là, dit Annette, il vous aurait déjà fendu la tête. »

Et comme le gendarme se baissait, le pistolet au poing, Ragot, caché dans le réduit, s'élançait pour en sortir, mais il reçut au passage deux coups de pied. Gotthelf, qui le guettait, l'arrêta sous la porte, et l'attachant à sa longe, se mit à le cingler à coups de cravache d'une façon épouvantable.

« Ah! je te tiens, s'écriait-il. A nous deux, maintenant!... Nous allons voir si je suis ton maître. »

Ragot hurlait de douleur, et le vieux forestier, jusqu'alors silencieux et morne, disait, agitant ses bras dans la nuit éternelle qui l'entourait :

« Vous êtes des misérables; il ne vous suffit pas de tuer, vous aimez à faire souffrir !

— Eh bien, criait le corporal, penché dans l'ouverture où son gendarme venait de disparaître; eh bien, Karl?

— Rien, corporal, il n'y a qu'une vieille paillasse, une table et une valise. »

Le corporal alors entra pour s'assurer par lui-même qu'il n'existait pas d'autre issue, et deux minutes après il ressortait en s'écriant :

« Le plus dangereux nous est échappé ! Il faut que quelqu'un l'ait averti. »

Il regardait tour à tour Annette et Thérèse.

« Oui, dit Annette, il est loin ! Mais soyez tranquille, il reviendra un peu plus tard, et il ne reviendra pas seul.

— Bon, fit le corporal en souriant. Nous ne serons pas seuls non plus, vieille chouette, pour le recevoir.

— Toujours trois contre un, hein?... c'est votre plus sûr, dit la sœur du contrebandier.

— Plus on est, mieux cela vaut! répliqua le corporal. Mais il ne s'agit pas de ça, il nous est échappé, c'est ce qu'il y a de plus clair. »

Et regardant un papier qu'il tira de sa poche :

« L'ordre n'est pas d'arrêter l'aveugle tout de suite, dit-il à ses hommes. Non! il ne peut aller bien loin... l'ordre était pour l'autre. »

Et s'adressant au brigadier :

« Si tu veux me donner ta parole de rester ici, vieux, fit-il, provisoirement je te laisserai ; tu viendras quand on t'appellera. Oui! si tu veux me donner ta parole.

— Est-ce qu'on donne sa parole à des gens de votre espèce? dit l'aveugle. Allons donc!... Emmenez-moi... fusillez-moi et que cela finisse! »

A cette réponse, le corporal, regardant ses hommes, leur dit en riant :

« Ce Français ne croit pas à notre parole ! il n'est pas aussi bête que les autres ! »

Puis, d'un ton plus sérieux, il ajouta:

« L'ordre n'est pas pour lui. Peut-être qu'il viendra. Allons-nous-en ! »

Ils allaient sortir, et l'ennui d'avoir manqué leur coup se trahissait dans leurs regards, furetant tout autour de la caverne comme pour chercher quelque recoin à fouiller encore, et le corporal répétait pour la seconde fois : — Il a filé... sortons!... — lorsque le grand charbonnier, avec son large feutre, sa souquenille de toile grise et le bâton sous le bras, parut à la porte.

Il était seul, et comme les femmes s'écriaient en levant les mains :

« Jean !... Ah ! mon Dieu !

— Oui ! c'est moi, dit-il d'un ton grave et triste, en entrant et déposant son bâton sur la table. J'ai appris qu'on voulait arrêter mon vieux camarade, le brigadier Frédéric Behme, et je suis venu me rendre prisonnier.

— Mon Dieu, quel malheur ! s'écria l'aveugle. Je te croyais déjà plus loin que Moutzig. Ah ! Jean, tu me déchires le cœur.

— Plus loin que Moutzig ! dit Starck, en te laissant seul au milieu de ces Prussiens !... Non ! tu ne l'as pas cru, Frédéric... ça n'est pas possible ! »

Et présentant les mains aux Allemands stupéfaits :

« Allons... enchaînez-moi, dit-il, et laissez le pauvre aveugle. C'est moi, moi seul, qui ai chanté le chant des *Pandours*.

— Ne le croyez pas ! s'écria Behme, en se levant tout frémissant... il vous dit cela par amitié pour moi, par pitié de ma misère ! Tous les bûcherons du Dagsberg vous diront que j'ai chanté seul ; ils lèveront la main devant Dieu et devant la justice.

— Tout cela, dit le corporal après un instant de surprise, ne nous regarde pas. L'ordre est d'arrêter celui-ci ; qu'on l'arrête et qu'on lui mette les menottes. Et qu'ils s'arrangent ensuite ensemble comme ils voudront, c'est l'affaire du tribunal. »

Le grand charbonnier fut donc enchaîné. Un silence terrible s'était établi pendant cette scène. Tout à coup, les gémissements des femmes éclatèrent... et comme Starck allait partir, il demanda la permission d'embrasser son vieil ami Frédéric.

« Quant à ça, dit le corporal, je n'y vois aucun inconvénient. »

Le vieux forestier était tellement abattu qu'il ne put prononcer un mot. Ils s'embrassèrent en silence, puis le grand charbonnier partit au milieu des gendarmes. Mais quand le bruit des pas se fut perdu dans le lointain, l'aveugle, prenant sa tête grise dans ses mains, se mit à sangloter comme un enfant.

« Ah ! disait-il au milieu de ses sanglots et ceux des femmes, maintenant ils m'ont tout pris... mon dernier ami et jusqu'à mon pauvre chien ! Je suis la plus misérable créature de ce monde, la plus abandonnée !... Je n'ai plus rien... Pourquoi suis-je encore sur la terre ? On ferait bien mieux de me tuer, puisque mon amitié même porte malheur ! »

X

En bas, dans le misérable hameau, s'élevaient de vagues rumeurs ; on avait vu passer Starck enchaîné, l'agitation était extrême, et bientôt la foule courut à la caverne ; plusieurs des plus exaltés criaient :

« Les Prussiens ont emmené le grand charbonnier, il faut aller le reprendre. »

L'aveugle, s'avançant sur le seuil, leur disait.

« Mes enfants, restez calmes ! On viendra demain me chercher aussi, mais ne bougez pas !...

« Ces barbares emploient tous les moyens pour nous faire quitter le pays ou pour nous mettre sous leurs pieds ; ils veulent nous forcer d'entrer dans leurs armées, de tirer sur nos frères, sur nos parents ! Ne vous révoltez pas ! Croyez que personne ne vous oublie... Croyez que non seulement en France, mais dans tous les pays où battent des cœurs humains, on pense à vous... qu'on sait ce que vous souffrez injustement.

« Quant à moi, ne vous exposez pas pour me défendre. Qu'est-ce qu'un seul homme ? Qu'est-ce qu'un vieillard aveugle comme je le suis ?

« Cela ne fait rien que je sois humilié... Vous ne pouvez me rendre ma fille, mes parents, mes amis ; ils sont morts ! Vous ne pouvez que vous perdre.

« Conservez-vous pour la patrie ! Elle aura besoin de vous. Mon Dieu ! le vent d'automne balaye toutes les feuilles mortes, et la forêt n'en reste pas moins debout ; si quelques vieilles cimes se cassent, les jeunes repoussent. Ne pensez donc pas à moi, pensez à vous !...

— Nous sommes tous là, père Frédéric, s'écriait le fils aîné de la veuve Duhem ; nous vous soutiendrons jusqu'à la mort.

— Oui !... oui !... répétaient les autres enfants de la veuve ; oui, père Behme !

— Et moi, je vous le défends, répondait le vieillard. Vous ne pouvez rien pour moi ! Je vous ordonne à tous de grandir et de vous rappeler votre père, le brave Duhem, mort en faisant son devoir. Il faut attendre !

« Ces Prussiens veulent nous faire croire que nous sommes de leur race. Ah ! nous avons une autre âme, une autre fierté qu'eux !

On ne nous mettra pas sous le joug; ils le savent déjà, cela les étonne; ils essayent de nous casser. Chers enfants, ne résistez pas... Pliez!... vous êtes encore dans l'âge où l'on peut plier sans honte. Attendez, vous deviendrez forts! — Je vous bénis, faisait-il, les mains étendues... Je vous bénis... Je vous embrasse tous... Je mets ma confiance en vous! »

Les femmes, accourues aussi, criaient et s'indignaient, et lui leur faisait signe de rester calmes.

« Les cris et les gémissements ne servent de rien, disait-il. Je veux aller à Saverne quand mon vieux camarade Starck sera jugé... Je veux dire aux juges qu'il n'a pas chanté, et je veux faire entendre à tous ces Prussiens ce que Frédéric Bèhme pense d'eux, de leurs conquêtes, de leurs droits sur des peuples braves qui ne seront jamais asservis. Je veux leur dire que tous les malheurs, tout le sang répandu, tous les crimes commis pendant de longues guerres, retomberont sur leurs têtes et qu'ils en répondront devant l'Éternel. »

Ce mouvement continua jusqu'au soir, puis il se ralentit; les groupes qui montaient à la roche devinrent plus rares, et, à la nuit close, Bèhme, Annette et Thérèse restaient seuls, assis, fort tristes, à leur table servie de lait, de beurre et de quelques pommes de terre; ils soupaient.

La flamme de l'âtre les éclairait, avançant et reculant les ombres de la caverne.

Ils n'échangeaient pas un mot; chacun ayant assez de ses propres réflexions sur les misères de la vie.

Cela durait depuis longtemps, et leur pauvre repas allait se terminer, quand la porte se rouvrit tout doucement et qu'un étrange personnage parut sur le seuil, au milieu du silence.

C'était Claude Ruinard, le berger de la commune: un être grand, sec, hâlé, coiffé d'un immense chapeau de crin; le fouet de joncs tressés, lié en bandoulière, la corne de bélier sous le bras et la souquenille pendant le long de ses jambes maigres.

Depuis quatre-vingts ans, Claude Ruinard conduisait le bétail du Graufthâl à la pâture et ses porcs à la glandée.

Bèhme ne l'avait jamais vu que sous le dôme des hêtres et des chênes, si vieux qu'il semblait ne plus pouvoir vieillir et si ridé que ses petits yeux gris, son nez rond, fendu par le bout, son menton garni d'une petite barbe blanche frisée, vous donnaient l'idée de l'homme des bois, le premier de sa race au pays, ayant poussé de lui-même sur le roc, comme les ronces et la bruyère.

Avant d'entrer, il lança dans la nuit un coup de sifflet bizarre; aussitôt un chien de montagne, les oreilles droites et courtes, le museau long, les jarrets en équerre, — le vrai chien de berger, — la queue traînante, rasant le sol, à la manière des fauves, s'avança sur les talons du vieux berger.

Étrange effet du souvenir! A ce seul coup de sifflet, Bèhme le reconnut, et tournant la tête il lui dit:

« C'est vous, Ruinard?

—Oui, brigadier, » répondit le brave homme en venant tranquillement s'asseoir près de la table.

Le chien se coucha derrière son escabeau, la tête allongée entre les pattes pour dormir, et Thérèse alla refermer la porte.

« J'arrive le dernier, dit Ruinard, parce que j'étais à la glandée, mais j'arrive tout de même, car si je n'étais pas venu, vous auriez pensé que j'étais mort, et je ne veux pas mourir avant d'avoir vu les Prussiens balayés de chez nous... Vous comprenez ça, brigadier?

— Très bien, Ruinard, répondit Bèhme en lui tendant la main.

— Vous êtes aveugle, reprit le pâtre, et moi je suis si vieux que les gens ne me connaissent plus; je suis comme un étranger au milieu du nouveau monde. Je reconnais pourtant les jeunes, en me rappelant leurs grands-pères et leurs grand'mères, et je me dis: — Toi... tu viens de Jacques, ou de Jean, ou de Catherine. — Nous ne faisons presque tous qu'une famille; nous avons des cousins et des cousines sans le savoir; nos racines vont bien loin et les intrus ne nous plaisent pas.

— Non, père Ruinard, répondit Bèhme; les loups et les chiens ne chassent pas ensemble.

— Ils se répugnent, dit Ruinard, et les plantes d'autres pays que l'on sème chez nous sont bientôt étouffées par celles de la vieille terre qui ne les connaît pas et n'en veut pas. Les morts eux-mêmes se disent: — Va te faire enterrer ailleurs, tu n'es pas des nôtres! »

Ruinard et Bèhme se donnèrent de nouveau la main en silence; ils étaient d'accord.

Les deux femmes, en les écoutant, restaient toutes pensives.

Le vieux pâtre, tout en parlant, regardait quelques antiques sculptures creusées dans le roc au fond de la caverne; ses petits yeux couverts de sourcils blancs et de flasques paupières, s'y fixaient avec une attention singulière.

« Tiens! dit-il au bout de quelques instants, les mêmes figures qu'à la roche des Houx sur le Krappenfels : — Un sanglier et un loup qui se regardent... — Ça doit être bien vieux, bien ancien...

— De quoi parlez-vous? demanda l'aveugle.

— Je parle de ces marques contre le rocher. Tu les as toujours vues, Thérèse?

— Oh! oui, père Ruinard, et mon grand-père Haquin les avait vues; le curé Heinck, dans mon enfance, venait souvent les regarder avec d'autres personnes de Saverne, de Marmoutier, de Sarrebourg. Ils n'y comprenaient rien.

— Qu'est-ce que c'est donc? demanda Behme.

— Vous savez, père Frédéric, dit Annette, ces marques que vous regardiez aussi dans le temps, quand vous veniez à la roche?

— Ah! oui, maintenant, je m'en souviens, et je me rappelle en avoir vu de semblables sur le Donon : — un vieux sanglier, acculé en face d'un loup qui rampe pour l'attaquer. — Un jour, nous passions dans les bruyères, mon brave inspecteur, M. d'Arence et moi, pour visiter le triage (Behme, en parlant de son inspecteur se découvrit), et, nous étant arrêtés dans l'ombre de la roche branlante, M. d'Arence me dit :

« — Voyez ces marques, Frédéric, elles sont aussi vieilles que la montagne; le sanglier représente nos anciens de trois à quatre mille ans : la race des Celtes, dont nous descendons tous sur cette rive gauche du Rhin. Voyez, il attend ce loup de pied ferme, les défenses en avant, pour le découdre, car le loup représente les Germains. Ils ont passé le Rhin bien souvent; ils ont même fini par s'établir une fois chez nous, pendant des centaines d'années, et par nous réduire en servitude. Mais, finalement, le sanglier les a rejetés de l'autre côté. Espérons qu'ils ne reviendront plus. Mais soyons bien sur nos gardes, car vous savez, Frédéric, que, pour attaquer un sanglier, les loups se mettent à plusieurs et qu'ils enlèvent les petits.

« Voilà ce qu'il me dit, je m'en souviens comme si c'était hier. »

Un long silence suivit; l'aveugle était grave et les autres continuaient de regarder les antiques sculptures d'un air rêveur, lorsqu'il ajouta :

« Je pense que nos enfants feront comme leurs pères, et qu'ils chasseront l'ennemi qui cherche à s'établir d'abord solidement sur notre rive, avant de nous envahir. S'ils ne le font pas, ils redeviendront serfs, et ce sera juste, car ils auront manqué de cœur... Mais c'est impossible! »

En ce moment Hulot entrait: il avait son petit manteau jeté sur l'épaule et son bâton ferré au poing.

« Vous êtes encore levés? dit-il. Je croyais vous trouver endormis.

— Vous savez, s'écria Behme, que Starck est arrêté?

— Je sais tout, brigadier, répondit le contrebandier en accrochant son manteau au mur et posant son bâton derrière la porte. J'ai tout appris à Saverne, mais ne vous inquiétez pas trop, l'affaire du charbonnier n'est pas aussi mauvaise que vous pensez. Je viens tout exprès pour vous rassurer. J'ai vu Collin, l'avocat... il répond de tout. »

Et comme Claude Ruinard se levait :

« Vous partez, père Claude, lui dit-il; ce n'est pas moi qui vous chasse?

— Non, Hulot... mais demain de bonne heure il faut que je sois sous bois avec mon troupeau, et j'entends sonner dix heures à la chapelle. Bonne nuit! »

Il sortit, le chien le suivit.

Hulot défaisait ses guêtres; Thérèse lui servait les restes du souper.

S'étant mis à table, le contrebandier, tout en mangeant de bon appétit, regardait attentivement Behme et le voyait épuisé.

On attendait son récit; mais il dit :

« J'ai marché depuis ce matin; nous sommes tous fatigués, il faut nous reposer... Demain, nous causerons de nos affaires : elles ne sont pas désespérées. Starck reviendra... soyez tranquilles. »

Personne n'ayant fait d'objection, on se leva; Thérèse assujettit la barre de la porte, et chacun regagna sa couche en silence.

XI

Le jour commençait à poindre quand Frédéric Behme s'éveilla; la fraîcheur du matin pénétrait dans son réduit; s'étant habillé à tâtons, il ouvrit sa lucarne, et la rosée, imprégnée des mille senteurs de la vallée, avertit l'aveugle que le soleil était déjà haut.

En bas, les premières rumeurs du hameau se faisaient entendre; les aboiements d'un chien, le grincement d'une charrette qui part; puis le grand silence revenait.

« Que tout est calme ici, se disait-il, et que j'aurais été content de finir mes jours dans ce recoin du monde ! Oui ! je le sens, au milieu de cette paix profonde, parmi quelques braves gens, ma grande douleur se serait affaiblie, j'aurais rêvé de Marie-Rose, et je me serais éteint, comme tous les anciens, en me réconciliant avec l'humanité. Mais quand un malheur finit, un autre commence. Quelle misère ! »

Il s'était penché dans la lucarne et se figurait voir les petits toits moussus du Graufthal échelonnés le long du ruisseau, dans l'ombre des vieux saules.

Tout était là comme il se le représentait, mais il ne le voyait pas, et sa rêverie en devenait plus mélancolique, quand une voix gaie, une voix d'enfant se mit à chanter, dans le sentier au-dessous qui longe la côte, la vieille chanson du *Merle noir* :

« Je suis le merle de ces bois...
Celui qui chante dès l'aurore... »

Cette voix d'enfant était si pleine, si vivante, que les yeux de l'aveugle se remplirent de larmes.

« C'est un jeune garçon de dix à douze ans, se disait-il ; le fils d'un pauvre schlitteur ou d'un bûcheron, les cheveux ébouriffés, le pantalon de toile pendu par une bretelle sur la hanche, les pieds nus, la petite veste percée aux coudes ; il va ramasser des myrtilles au bois ou faire son petit fagot, sans se douter qu'il est heureux... Il chante ! »

Comme la voix passait alors au bas de la roche, Bèhme se mit à crier :

« Hé ! dis donc... petit... arrive ici ! »

Aussitôt le chant cessa, et l'enfant, s'étant arrêté, demanda :

« C'est moi que vous appelez ?
— Oui ; viens ! »

Et presque aussitôt le chanteur était là et disait :

« Me voilà ! »

L'aveugle étendait la main : il lui touchait la tête, les cheveux, murmurant :

« Quel âge as-tu ?
— Onze ans.
— Et de qui es-tu le fils ?
— De Hubert Raslin, le charron.
— Oh ! j'ai bien connu ton père... Il va toujours bien ?
— Oui ; nous vous connaissons aussi, père Frédéric, allez ! Nous parlons souvent de vous, et ma mère dit : — Quel brave homme c'était ! Ah ! faut-il que ce Prussien soit venu à sa place !... »

Le brigadier était tout ému.

« C'est bon, fit-il, arrive que je t'embrasse. »

Le petit, leste comme un écureuil, monta sur la lucarne, et l'aveugle l'embrassa, en disant :

« Va... chante... cours... sois content... on n'est jamais plus heureux qu'à ton âge. Dis à tes parents que je les ai toujours regardés comme de braves gens et que je leur serre la main. »

Alors le petit sauta dans le sentier et se mit à courir pour rejoindre deux ou trois camarades, qui le regardaient au loin, se demandant pourquoi le brigadier l'avait fait monter.

Il leur raconta ce qui venait d'arriver, ce que le vieux forestier lui avait dit.

Ils allaient ensemble pêcher à la main sous les roches de la Bande-Noire et furent bien étonnés de ce que leur raconta Raslin.

« Oui, c'est un brave homme, se disaient-ils entre eux, et ceux qui sont venus depuis n'ont fait que nous ruiner et nous dépouiller. Le bon Dieu nous en débarrassera quand les Français reviendront, et nous serons encore une fois heureux ! »

Ils répétaient ce que leurs parents se disaient chaque jour.

Les paroles naïves de cet enfant avaient épanoui quelques instants le cœur du vieux forestier.

En entrant dans la chambre à côté, le pétillement du feu sur l'âtre l'avertit que ses hôtes s'y trouvaient déjà réunis.

« Bonjour, sergent, lui dit Hulot ; vous allez mieux aujourd'hui qu'hier soir. Tenez, asseyez-vous là, fit-il, en le guidant vers un escabeau.

— Oui, je vais mieux, répondit l'aveugle ; tout ce qui s'est passé depuis mon arrivée m'avait retourné le cœur.

— Ah ! oui, s'écria le contrebandier, c'est terrible. Mais Starck a pourtant bien fait de revenir. S'il avait passé la frontière, une fois jugé sans témoins, les Prussiens lui fermaient la porte pour toujours. Annette était forcée d'aller le rejoindre ; et, avec le caractère que je lui connais, Starck, au bout de cinq ou six mois, n'aurait pu s'empêcher de revenir dans ses anciennes charbonnières.

« Les Prussiens l'auraient attendu, soit au Falberg, soit ailleurs ; ils lui auraient crié : — Halte ! — et si Jean ne s'était pas arrêté tout de suite, il aurait reçu deux ou trois balles dans les reins. Cela ne pouvait pas manquer. C'est ce que j'ai vu plus d'une fois, sergent ; et l'affaire faite, on vous enterre. Tout est dit.

— Oui, cela se passe encore tous les jours, dit Thérèse ; il a bien fait de rester.

— Tenez, fumez une pipe, sergent, reprit Hulot en lui présentant la sienne allumée ; en fumant on est plus calme. »

Bêhme accepta sans répondre.

Les femmes allaient et venaient autour d'eux, vaquant aux soins du ménage, et Hulot reprit :

« J'étais à Saverne, à l'auberge du *Mouton d'Or*, sur la place du Marché, quand, au milieu d'une foule de monde je vis passer le grand charbonnier les chaînes aux poings.

« L'idée me vint qu'il s'était laissé prendre en route du côté de Moutzig, et, seulement une heure après, le maître de l'auberge, Joseph Mirail, étant allé voir, m'apprit comment les choses étaient arrivées.

« Et, ma foi ! toute réflexion faite, j'en fus content.

« J'aurais bien souhaité de pouvoir entrer en prison, pour dire à Jean que j'allais m'occuper de son affaire, mais, pas moyen ! il était, comme on dit, au secret. J'allai donc voir Collin, l'avocat, qui par bonheur était à la maison, et je lui racontai la chose en deux mots.

« — Êtes-vous sûr, me dit-il, que Starck n'a pas chanté ?

« — J'en suis sûr, lui répondis-je, car il ne chante jamais ; sa voix ressemble à celle d'un corbeau ; il peut crier et même très fort, mais chanter, je l'en défie ! Il aime d'entendre chanter les autres, mais il a toujours le bon sens de ne pas vouloir s'en mêler, comme il arrive à quelques-uns.

« — C'est ce que nous allons savoir tout de suite, dit Collin en se levant, et nous allâmes ensemble au cachot.

« Les avocats ont seuls la permission d'entrer, et surtout Collin qui plaide souvent.

« Il entra et resta plus d'une demi-heure avec le charbonnier.

« Moi, je me promenais de long en large, en fumant ma pipe devant le corps de garde, regardant la sentinelle, avec son casque pointu et son fusil penché sur l'épaule, aller et venir comme moi.

« Finalement, Collin sortit ; il me fit signe de le suivre, et chez lui, dans son cabinet, il me dit :

« — C'est très bien... Je réponds de l'affaire... Nous allons assigner les témoins du Dagsberg, à commencer par l'aubergiste Schnéegans, qui nous fera connaître tous les autres.

« Avec leurs dépositions, on sera forcé de relâcher votre beau-frère. Mais il faut que l'aveugle disparaisse, car tout retombera sur son dos.

« Il serait cent fois plus aveugle encore, du moment qu'il a chanté le chant des *Pandours*, la condamnation est sûre ! On jurerait que cette chanson a été faite pour les Prussiens, et sur un chapitre pareil ils ne plaisantent pas. C'est de la politique, et personne n'a le droit de s'occuper de politique, excepté les seigneurs ; les autres ont le droit de fournir les fonds et les hommes, sans s'inquiéter de ce que l'on en fera... et quand ils ne sont pas contents, on casse les Chambres et l'on vote soi-même l'argent et le reste... C'est donc une affaire sérieuse.

« Voilà, sergent, ce que j'avais à vous dire, et maintenant réfléchissez.

« La cause de Starck paraîtra prochainement, car nous ne voulons pas le laisser moisir dans un cachot ; avec l'habitude qu'il a du grand air, il étoufferait au bout d'un mois, entre quatre murs.

— C'est juste, dit Bêhme. Mais à moi, cela ne me fait plus rien d'être enchaîné dans un cachot ; voilà trois mois que je suis enchaîné comme dans un puits, où n'entre pas un seul rayon de lumière. Je suis enchaîné avec ma femme, ma fille Marie-Rose, notre pauvre grand'mère Anne, au milieu des Prussiens, que je vois toujours, et qui me passent leurs baïonnettes dans le cœur. Qu'est-ce que cela me fait d'être ici ou là, si je m'en vais d'ici, le seul endroit où j'aie de vieux amis ? Eh bien, qu'on me mette n'importe où, cela m'est égal. »

Et comme Hulot, sa femme et Annette se regardaient en silence, n'ayant rien à lui répondre, il ajouta :

« Au bout de six mois, d'un an peut-être au plus, si je ne péris pas, j'aurai fait mon temps, et je pourrai revenir. Mais d'aller me mettre en chemin de fer pour vivre seul dans un hôpital, au milieu d'étrangers... non ! Vous comprenez que ce n'est pas possible. »

Un long silence suivit, et Hulot, reprenant sa pipe que l'aveugle avait posée sur l'âtre, tout en la rallumant, s'écria :

« Ces Prussiens sont pourtant des êtres plus féroces que les loups ! Qu'est-ce que cela peut leur faire qu'un aveugle chante la

C'était Claude Ruinard.. (Page 52.)

chanson des *Pandours?* puisque tout le monde pense à ce qu'ils ont fait en 1870, et que cela ne les empêche pas de nous appeler « leurs frères allemands ! »

« C'est pire que s'ils nous étranglaient deux fois. Ce n'est pas assez d'une pour eux !

« Et les pauvres femmes qu'ils appellent des coquines et qu'ils mettent en prison, parce qu'elles gardent le souvenir de leurs enfants ou de leurs maris tués devant Metz et Strasbourg ! et tout le reste... on ne le croira plus dans vingt ans... on dira : — Ce n'est pas possible ! — Oh ! barbares ! »

Ainsi s'exhalait l'indignation du contrebandier, puis s'interrompant :

« Alors, sergent, vous ne voulez pas quitter d'ici ?

— Non.

— Eh bien... pour vous dire la vérité, je ferais comme vous. Puisqu'il faut y passer, autant que ce soit tout de suite ; vous reviendrez après avoir fait votre temps. Seulement il faut rester sous les verroux le moins possible et je vais dire à Collin de plaider en même temps pour vous et le beau-frère. Mais vous me promettez de ne pas crier contre la justice prussienne... de laisser plaider Collin sans l'interrompre... Vous comprenez, d'abord cela ne servirait à rien, et ensuite ils vous enverraient dans une forteresse... car ils n'en manquent pas de forteresses où les gens qui se permettent de dire la vérité passent leur existence.

— Je vous le promets, Hulot.

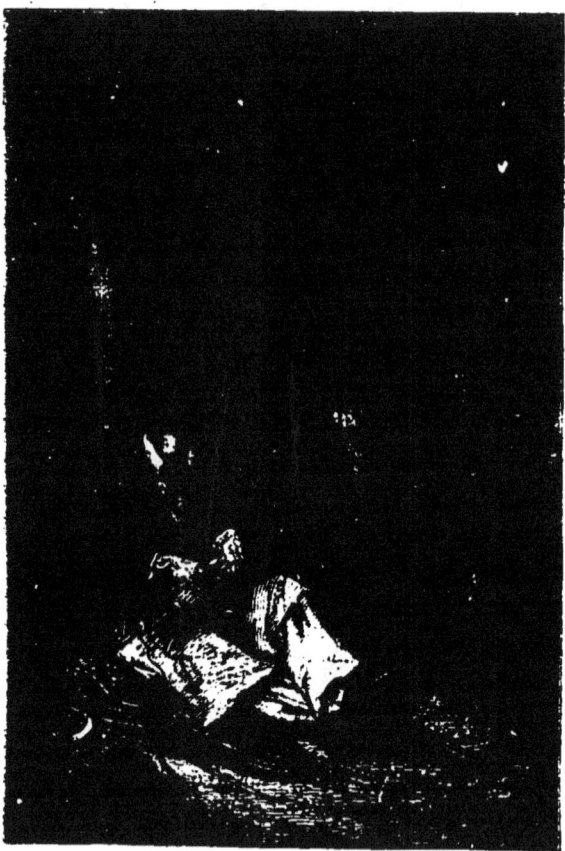

Il tressait ses petits paniers tout en jacassant. (Page 59.)

— Donnez-moi votre main, sergent.
— La voici. »

Il fut donc entendu qu'on attendrait le jugement de Starck, et que le brigadier resterait au Graufthâl jusqu'à ce qu'on vint le chercher comme accusé ou comme témoin.

Hulot, ayant toujours quelque affaire de contrebande en train, partit aussitôt après cette conversation ; il devait passer par Dabo et s'informer de ceux qui s'étaient trouvés à l'auberge de Schnéegans au moment de la vente des dernières coupes.

Après son départ, Annette partit pour Saverne, espérant voir Jean en prison et lui communiquer les résolutions prises.

Ce jour-là, Thérèse fut en route du matin au soir par le village.

Au moment de partir, elle prévint le brigadier qu'il s'agissait d'affaires de la dernière importance.

« Je vais chercher des grives, de la truite, un lièvre, dit-elle, il faut que j'en trouve à tout prix.

— Et pourquoi des grives, de la truite, un lièvre ? fit-il en sortant de sa rêverie.

— Hé ! dit la bonne femme, pour amadouer les juges.

— Halte ! halte ! cria l'aveugle. Prenez garde à ce que vous allez faire. Vous serez arrêtée... On ne doit jamais essayer de séduire les juges ! Ce serait pire que la chanson des *Pandours*.

— Oui, de votre temps, dit-elle. Je sais bien. Mais les choses sont bien changées ;

plus on apporte de choses, mieux cela vaut.

— Comment! comment! Thérèse!

— Hé! sans doute; ce ne sera pas la première fois que j'irai là-bas avec du gibier, des œufs, du beurre, du poisson dans mon panier. Chaque fois que Hulot a quelque procès, j'y vais moi-même.

« Je n'entre pas dans la salle à manger, vous pensez bien! J'entre dans la cuisine, et madame sort; elle rit et dit :

« — Ah! c'est bien... vous êtes une bonne femme. Comment vous appelez-vous?

« — Thérèse Hulot, madame la présidente.

« — Ah! votre beurre sent la violette... Votre fromage est très beau... Quelles magnifiques truites, et toutes fraîches!

« — Elles sortent de la rivière, madame la présidente.

« — Et combien les faites-vous, ma bonne femme?

« — Oh! madame la présidente, ce n'est rien... le plaisir de vous les apporter. Tous les gens du Graufthâl aiment tant monsieur le président Schmutzig et messieurs les juges!

« — Ah! c'est bon... c'est très bien. Christine, mettez cela dans le garde-manger. — Et vous dites que vous vous appelez?

« — Thérèse Hulot... mon mari s'appelle Jean Hulot.

« — Bien... bien... et merci, ma bonne femme.

« Alors je m'en vais en faisant la révérence, et l'affaire tourne bien, surtout quand j'ai le temps de retourner deux ou trois fois là-bas avec mon panier. »

Frédéric Behme, le front penché, fronçait le sourcil, en toussant tout bas; puis à la fin, d'une voix sourde, il murmura :

« C'est abominable! Je n'aurais jamais cru de pareilles choses possibles. »

Thérèse sortit en allongeant le pas, pour chercher ce qu'elle pensait pouvoir adoucir les juges.

Quant au brigadier Frédéric, se rappelant tout ce tas de mendiants qu'il avait vus défiler par le vallon de Thommenthal en 1870, avec leurs charrettes pleines de femmes et d'enfants en guenilles, et qui venaient occuper les plus hautes positions d'Alsace et de Lorraine, après avoir réfléchi quelque temps, il ne trouva plus ces choses étonnantes et se dit :

« Cela devait arriver, « la force prime le droit. » et quand la force prime le droit, il n'y a plus de justice... c'est clair. Chacun tire à soi tout ce qu'il peut. Il faut seulement plumer la poule sans la faire crier trop fort, et quand elle vient elle-même pondre ses œufs dans votre garde-manger, c'est parfait! »

D'ailleurs, il ne tarda pas à s'apercevoir que ces idées étaient répandues dans la montagne.

XII

Thérèse était à peine sortie depuis une demi-heure, qu'un pas lourd remontait le petit sentier taillé dans le roc, un vrai pas de montagnard; les souliers à gros clous grinçaient sur le rocher, et tout à coup il entendit une voix rude s'écrier :

« Bonjour! brigadier Frédéric.

— Bonjour! Qui êtes-vous?

— Gaspard Reinhart; vous savez, l'ancien pêcheur du Thommenthal? »

Le brigadier se rappela cet homme, le plus adroit, le plus rusé des braconniers qu'il eût jamais rencontrés.

Du reste, Reinhart en avait bien la mine, avec sa demi-blouse, son bonnet de coton, ses hautes guêtres de cuir, sa figure hâlée, son nez fin, ses yeux gris perçants et ses larges épaules où pendait, lié par les pieds, un chevreuil en sautoir.

« Ah! c'est vous, Gaspard, lui dit le vieux forestier. Et que venez-vous faire ici?

— Je viens apporter à Thérèse un jeune brocard que j'ai tué hier soir à l'affût.

— Vous braconnez donc toujours, Reinhart?... dit le brigadier en hochant la tête; vilain métier... métier dangereux...

— Hé! je le sais bien, fit le braconnier... mais que voulez-vous? c'est dans le sang... mon père braconnait... je braconne... mes enfants braconneront... Et puis, à présent, brigadier, ce n'est plus comme de votre temps... Tous ces bois, depuis Schirmeck jusqu'à Bitche et Wissembourg, que les Prussiens nous ont volés, sont à nous au moins autant qu'à eux, je pense... et nous aurions tort de nous gêner. »

Le brigadier ne répondit pas et demanda :

« Et pourquoi ce chevreuil?

— Pour arranger l'affaire de Starck à Saverne, brigadier. — C'est Hulot qui me l'a commandé. »

Tout en parlant, il avait déposé son chevreuil sur la table, et il reprenait :

« Tâtez un peu, brigadier... voyez quelle jolie bête... comme c'est gras... bien fourni ! »

Alors le vieux forestier promenant ses mains sur le chevreuil, un éclair de son ancienne passion pour la chasse illumina son front. Ses yeux pâles, éteints, semblèrent s'éclairer d'une vague lueur.

« Oui, disait-il, c'est une jolie bête ; ses andouillers commencent seulement à paraître... Ah ! voici deux chevrotines ici... Vous l'avez bien pris au défaut de l'épaule.

— Et c'est pour le président tout seul ?

— Oh ! non... non ! J'ai rencontré Thérèse au village, elle m'a dit de le dépouiller, pour en faire de bonnes parts. Avec quelques truites, des grives et des perdreaux, vous comprenez, ça marchera.

— Oui, ça marchera, murmurait l'aveugle, ça marchera très bien, espérons-le ! Starck sera relâché.

— C'est sûr, brigadier, j'en réponds. »

Cinq ou six enfants, ayant vu passer le braconnier, étaient montés derrière lui ; ils se tenaient à la porte, les cheveux ébouriffés, les yeux brillants, les pieds nus sur la pierre, prêtant l'oreille.

Et là-dessus, Gaspard, déliant les pieds de devant du chevreuil, le suspendit par les jambes de derrière à un croc de bois fiché dans le mur au dehors, près de la porte.

Il tira de sa poche un couteau très effilé, à manche de buis, et éventra d'un trait l'animal, comme un boucher de profession.

Il vida ses entrailles, qu'un grand chien de berger se mit à dévorer au pied de la roche.

« Ah ! si le pauvre Ragot était ici, disait l'un des petits, c'est lui qui se régalerait et se lécherait les moustaches. »

Ils étaient tous en demi-cercle autour du braconnier, le regardant dépouiller la bête avec une attention singulière.

Lui, son couteau tantôt au poing, tantôt aux lèvres, poursuivait sa besogne avec calme, disant :

« Tire la peau, petit ! Tire en bas, ferme !... C'est bien. Voici déjà le râble découvert ; ce morceau-là, c'est pour M. le président Schmutzig, et ce cuissot pour M. le juge Bihrzapfen ; celui-ci pour M. le juge Kunzhaffen, et cette épaule pour le grand braillard, qui demande toujours la plus forte peine ; ça lui fermera la bouche ; et l'autre sera pour M. le greffier Essel, qui écrira ce qui nous fera plaisir. Après cela, il faudra donner aussi quelques côtelettes au geôlier, pour avoir la permission d'entrer, et au caporal Schwantz, de la fressure, pour qu'il ne serre pas trop les menottes. Ça marchera... ça marchera ! »

Ainsi parlait le brave homme, se faisant ces réflexions pour lui-même et pour les autres.

Sa besogne terminée, la peau du chevreuil retournée et bourrée de paille, il partit, suivi des enfants.

Il alla boire un coup à la *Pomme de Pin*, chez Ykel, avant de retourner au bois.

Thérèse ne tarda pas à revenir avec un chapelet de grives et de belles truites dans son tablier.

Le vannier Remy la suivait, un paquet de saules sous le bras pour tresser les bourriches.

C'était un petit homme au nez pointu, le menton allongé, les lèvres pincées, qui semblait toujours sourire.

« A vous rendre mes devoirs, brigadier Frédéric, dit-il en entrant. J'ai appris votre malheur ; mais, Dieu merci ! vous n'avez pas encore si mauvaise mine. Vous pourrez peut-être un jour recouvrer la vue ; on fait tant de découvertes de nos jours, les chemins de fer, le télégraphe... Qui peut savoir ?

— C'est vous, Remy ? lui dit l'aveugle qui le connaissait.

— Oui, brigadier... Je viens tresser les petites bourriches de messieurs les juges.

— Ah ! bien.

— Oui, brigadier, c'est maintenant mon meilleur commerce, fit-il en s'asseyant sur le plancher à la mode des tailleurs, les jambes croisées et le paquet de saules étalé près de lui.

« Les bourriches qu'on envoie partout aux juges, aux commissaires, aux percepteurs, aux gendarmes, pour les faire attendre ; aux officiers de troupe, pour obtenir des congés..., ça m'entretient !...

« Ah ! par exemple, plus les grades sont élevés, plus la bourriche doit être fine... des gelinottes, une belle truite saumonée, produisent toujours bon effet ; les dames s'attendrissent, elles plaident pour vous. »

Il tressait ses petits paniers tout en jacassant.

L'aveugle écoutait et ne disait rien.

« Qu'est-ce que nous mettrons dans la première bourriche, Thérèse ? demandait le vannier. Le râble d'abord... bien... il y est... mais après ça? Il reste de la place... Voyons... mettons deux belles truites... hein?

— Oui, disait Thérèse. Et ça sera assez.

— Je crois bien! des truites d'au moins deux livres... elle viennent bien sûr de la scierie du Groshammerwayer... Allons, encore un peu de paille. Maintenant, il faut lier solidement les deux bouts. Voilà! Mettez ça dans un coin et passez-moi le premier cuissot, avec une douzaine de grives. Je vais vous ficeler ça dans le grand genre.

« Si vous aviez pu avoir quelques douzaines de mésanges, ça n'aurait pas produit mauvais effet; M. le juge Kourstaffen les aime beaucoup; sa jeune dame a encore des dents pour les croquer. Après cela, des grives produisent aussi bon effet... Comptez-m'en une douzaine. Quel bonheur que le passage ait déjà commencé! Ce sont les premières prises aux lacets... ça vaut mieux que tirées au fusil... elles ont toutes leurs plumes, c'est plus propre. M. le juge va s'en lécher les doigts. »

Il continuait à jacasser ainsi comme une pie borgne, et l'aveugle, silencieux, semblait se perdre dans ses réflexions.

Que de changements depuis son départ! Quel abaissement de l'esprit chez certains hommes, au lieu du sentiment patriotique qui subsistait encore, même après toutes les corruptions du second empire!...

Thérèse, elle, ne songeait qu'à son frère en prison et qu'il fallait délivrer.

Au bout d'une heure, toutes les bourriches étant terminées et rangées sur la table, le petit vannier, se levant, demanda :

« C'est vous, Thérèse, qui porterez tout cela vous-même à Saverne? Ce sera bien lourd pour une seule personne; faut-il que je vous envoie demain mon garçon pour vous aider?

— Non, merci, père Remy, Annette viendra ce soir, et nous irons demain ensemble.

— Bon!... bon!... — Adieu! brigadier, dit le petit homme en sortant.

— Adieu! Remy », lui répondit Frédéric, qui n'avait pas bougé de son escabeau pendant toute cette scène.

Et comme Thérèse reconduisait le vannier, l'aveugle, se sentant seul, ne put s'empêcher de s'écrier avec amertume:

« J'aurais pourtant mieux fait de rester à Saint-Dié, chez la mère Ory! Au moins là, les gens étaient honnêtes. Ici, la misère grandit de jour en jour, et la misère vous fait commettre des lâchetés!... Ah! quel malheur!... On ne pense pas assez à cela en France!... »

En ce moment, une jeune fille de douze à quinze ans, brune, les cheveux en désordre, les pieds nus, parut à la porte en criant :

« Marraine Thérèse... vite... vite... emportez le gibier! Le bourgmestre m'envoie vous dire qu'on va monter faire une visite! »

A peine la femme de Hulot eut-elle entendu ce cri, que, rentrant tout effarée, elle entassa pêle-mêle les bourriches dans un grand panier.

« Ferme la porte, Jeanne, dit-elle en ressortant bien vite, son panier sur la tête, et n'ouvre qu'à la fin... tu m'entends? Tire le verrou!

— Oui, marraine! »

La porte se referma.

Thérèse courait comme une chèvre au bord de la terrasse, et prenait, à gauche entre les roches, un sentier qu'elle remontait à grands pas, traversant les ronces et les broussailles jusque sur le plateau d'Echbourg, couvert de hautes bruyères.

En quelques enjambées, elle avait disparu, et presque en même temps le brigadier Gotthelf, accompagné de deux gardes-forestiers prussiens et du bourgmestre Joseph Gachot, montaient à la caverne.

Joseph Gachot était un petit homme brun, sec, les yeux noirs, les cheveux touffus et grisonnants.

Il avait été, dans sa jeunesse, ouvrier tisseur, et durant quelques années il avait parcouru la France et l'Allemagne pour se perfectionner dans son état, s'arrêtant à Lyon, à Mulhouse, à Thann, etc., et vivant de la vie active, intelligente des gens qui ne se renferment pas dans leur égoïsme personnel et voient les choses au point de vue de l'utilité générale.

Son père, Didier Gachot, étant mort, il était venu prendre la direction de sa petite culture au Graufthâl, et passait, avec raison, pour l'homme le plus entendu des environs. Joseph Gachot et le brigadier Frédéric se connaissaient très bien et s'estimaient.

Si Gachot avait accepté la place de bourgmestre, c'était pour empêcher les Prussiens d'en envoyer un de la Poméranie.

Il parlait très bien l'allemand et le français.

« Ouvrez! criait le garde prussien. Au nom de Sa Majesté!... Voulez-vous bien ouvrir, ou nous allons enfoncer la porte. »

Mais la porte était en gros madriers de chêne et Jeanne n'avait pas peur.

Cela durait depuis dix minutes, et Gotthelf ayant parlé de dresser procès-verbal, le bourgmestre se pencha dans une lucarne et, toquant à la vitre, dit :

« Hé ! vous êtes donc sourds, là-dedans ? »

Alors une voix répondit :

« Qui est là ?

— C'est moi, Joseph Gachot, le bourgmestre. Ouvrez donc !

— Ah ! c'est vous ? »

Et la porte s'ouvrit.

La petite Jeanne était là, regardant de ses beaux yeux noirs, d'un air étonné.

« Ah ! mon Dieu ! faisait-elle, qu'est-ce qu'on nous veut donc ?

— Pourquoi n'as-tu pas ouvert tout de suite ? s'écria Gotthelf indigné.

— Ah ! monsieur le garde, c'est que ma marraine m'avait dit d'avoir peur des voleurs. On voit tant de voleurs dans ce pays ! »

Les gardes et Gotthelf froncèrent les sourcils et entrèrent.

Un peu plus loin, près du foyer et leur tournant le dos, était assis Frédéric Bêhme. Il ne se retourna pas à leur entrée.

« Eh bien, nous y sommes, dit Joseph Gachot. Voyez... cherchez... tout vous est ouvert... personne ne vous refusera les clefs. Où donc voyez-vous du gibier ? Moi, j'ai beau regarder, je ne vois rien. »

Gotthelf et ses deux gardes allaient d'une chambre à l'autre, ouvrant les bahuts, toquant aux murs ; et Gachot, immobile, les regardait d'un air ironique.

« Vous ne voyez rien ? disait-il. Vous ne découvrez rien ?... Ça ne m'étonne pas. Voici la cinquième fois ce mois-ci que vous venez me déranger pour rien ; tantôt ce sont des fagots verts qu'il faut saisir, tantôt c'est du poisson, aujourd'hui c'est du gibier... Savez-vous que cela devient ennuyeux à la fin ? Croyez-vous que je suis à vos ordres, que je n'ai rien d'autre à faire que d'obéir à vos réquisitions ? »

Bêhme restait toujours à sa place, le dos penché, comme il n'eût rien entendu.

Gotthelf rougissait, ses joues se gonflaient ; à la fin, il fit entendre un cri de triomphe.

« Voici du sang, disait-il en montrant l'endroit où Reinhart avait éventré son chevreuil. Voyez... le chien flaire encore, et voici le crochet où l'on a suspendu la bête... Est-ce clair ?

— Ah ça ! dit Gachot en prenant une prise de tabac dans sa petite tabatière en écorce de bouleau ; — ah ! ça, voulez-vous maintenant me faire dresser procès-verbal contre un crochet et quelques gouttes de sang tombées sur le pavé ?... Cela ne peut-il pas venir d'un autre animal, d'un chevreau, par exemple, qu'on aura dépouillé là ? Voyons, en définitive, me prenez-vous pour un imbécile, brigadier Gotthelf ? »

La petite Jeanne ne pouvait s'empêcher de sourire, et le garde finit par s'emporter.

« Monsieur le bourgmestre, dit-il, au lieu de nous aider à constater les délits, vous avez l'air de vous moquer de nous. »

Il regardait le petit homme du haut de sa grandeur, et Gachot alors, relevant la tête et lui lançant un coup d'œil de pitié, répondit :

« Vous seriez le grand chancelier Bismarck lui-même, que je ne pourrais pas vous faire de compliments sur toutes vos visites domiciliaires. C'est une chose ridicule de déranger d'honnêtes gens pour rien et de les accuser de délits qu'ils n'ont pas commis. C'est contraire au bon sens. Je ferai mon rapport à ce sujet.

— Votre rapport, cria Wilhelm Gotthelf... et moi, j'en ferai un autre à mon supérieur Von Kalb, entendez-vous ? et vous serez révoqué de votre place de bourgmestre.

— Je me moque de ma place de bourgmestre, dit Gachot en haussant les épaules. Une belle place, ma foi ! Être dérangé par des imbéciles tous les cinq ou six jours et promené d'une baraque à l'autre pour vexer inutilement les meilleures gens du monde ! Si cette place de bourgmestre rapportait quelque chose, il y a longtemps qu'un Prussien l'aurait. On aurait bien trouvé quelque mendiant, en Poméranie ou ailleurs, pour venir l'occuper et palper l'argent. Ce n'est pas un de nous autres Alsaciens ou Lorrains qu'on nommera grand *procurator*, à vingt mille francs d'appointements, ou conseiller à huit mille, ou *staats-procurator* ou autre chose dans ce genre. Nous autres, nous avons les places qui ne rapportent rien... nous payons ! nous payons ! Voilà notre affaire, et tous les gueux de là-bas viennent s'engraisser à nos dépens.

« Ah ! vous voulez m'ôter ma place ? Eh bien, je vous la rends avec plaisir. Vous n'avez qu'à prendre pour bourgmestre le marchand de balais Frantz Sépel ou le sabotier Christian Evig... Ils feront votre affaire ; en leur payant deux sous de *spritz*, ils se promèneront avec vous de maison en maison, tant que vous voudrez !

— Vous osez insulter le *staats-procurator*, le *kreiss-director*, criait Wilhelm Gotthelf... vous !... vous !...

— Je n'insulte personne, répondit Gachot, je dis ce qui existe. Voyons... tous nos impôts ne sont-ils pas triplés depuis que nous avons le bonheur de vous posséder, vous et tous les autres grands personnages de votre pays? Est-ce que nous ne sommes pas vexés et dépouillés de mille façons inconnues avant votre arrivée? Ce ne sont pas des mots que je vous dis là, grand brigadier Gotthelf!... Nous payons des millions des marcs en plus que sous le gouvernement français, pour avoir la jouissance de recevoir des soufflets, comme des soldats allemands, et d'être remplacés dans tous les grades par des gens de votre espèce.

— Vous payerez tout cela, dit Gotthelf, qui ne se possédait plus; vous le payerez de votre poche!

— Je ne payerai rien du tout, répondit Gachot. J'ai vendu mes biens à l'un de ces juifs que vous méprisez tant et qui sont mille fois plus honnêtes que toute votre race prussienne. J'ai l'argent en poche: je vais le placer en bonnes rentes bien solides sur l'État français; cela me procurera le plaisir de respirer l'air de la vieille patrie, en allant toucher mes coupons à Lunéville, et vous chercherez un autre bourgmestre! »

Après avoir prononcé ces derniers mots d'un ton moqueur impossible à se figurer, le petit homme s'écria brusquement:

« Vous ne trouverez rien! Notre visite domiciliaire est finie... Dressez votre procès-verbal, je le signerai, s'il est conforme à la vérité. »

Puis il sortit, et les gardes le suivirent tout décontenancés.

Thérèse remontait justement le sentier et parut toute surprise de leur rencontre.

« D'où venez-vous? lui cria Gotthelf.

— Je viens de chercher de l'herbe pour mes chèvres, dit-elle en montrant son tablier plein d'herbe.

— Et ce sang à votre porte, d'où vient-il?

— Ah! c'est Jean qui l'autre jour a tué un chevreau... c'est à cet endroit qu'il les accroche toujours. »

Sur cette réponse, ils continuèrent leur chemin la tête basse, vers le Thommenthal; et Joseph Gachot, les ayant vus disparaître au tournant de la vallée, remonta vers la roche pour s'entretenir quelques instants avec son vieil ami Frédéric Béhme.

Il lui raconta les malheurs du pays, complètement ruiné par la rapacité vraiment épouvantable des Prussiens, et finit par lui dire:

« Nous sommes depuis dix ans dans l'estomac teuton. Les Prussiens nous broient, nous écrasent, ils font des efforts désespérés pour nous digérer, comme ils ont digéré Sarrebruck et Sarrelouis, sous Louis-Philippe, pendant qu'en France les malins, les politiques profonds criaient: « La paix!... « La paix à tout prix!... »

« Notre situation est terrible.

« Nous résistons énergiquement et nous résisterons jusqu'à épuisement de forces, mais si l'on recommence la comédie de Louis-Philippe et si elle dure trop longtemps, il faudra pourtant succomber un jour!

« Et alors les Prussiens auront faim de la Champagne, comme ils ont eu faim de l'Alsace, après avoir digéré Sarrebruck et Sarrelouis!... Et après la Champagne, ce sera le tour de l'Ile-de-France, de la Franche-Comté et de la Bourgogne, ainsi de suite, province par province, jusqu'à Marseille et aux Pyrénées.

« Voilà ce qui s'enseigne dans toutes les écoles de l'empire germanique! La France appartient aux Allemands! Leurs ancêtres, les Francs, l'ont conquise. On les a chassés en 92. Il s'agit de remettre sous le joug cette race de Welches, de la faire travailler encore une fois durant des siècles, pour entretenir dans la joie et l'abondance les nobles conquérants Germains. Tous les petits Allemands savent cela dès l'âge de sept ans: c'est leur catéchisme.

« On ne se préoccupe pas assez de ces choses, en France, il y a même des gens d'esprit assez bêtes pour en rire... Eh bien, c'est un danger mortel!... Si on laisse aux Prussiens le temps de digérer l'Alsace, toute la France y passera, comme elle y a déjà passé au cinquième siècle.

« Mon Dieu! ces gens-là ne se donnent plus même la peine de dissimuler; entrez dans une de leurs brasseries, vous les entendrez répéter sur tous les tons, qu'à la prochaine campagne ils rétabliront l'empire d'Occident et qu'ils installeront leur *Kayser*[1] à Paris! Vos journaux qui prêchent la paix les font rire jusqu'aux larmes. C'est tout simple: l'ogre a besoin de la paix pour digérer tranquillement, pour se refaire de l'appétit!... »

Béhme, profondément abattu par les émotions des deux dernières journées et par les révélations de Gachot, écoutait sans répondre. Les coudes sur les genoux, la tête dans les

---

1. Empereur.

mains, il semblait anéanti ; aussi, la nuit venue, Joseph Gachot s'en alla fort triste, pensant que le malheureux ne résisterait plus longtemps à ses souffrances.

Thérèse, dans l'intervalle, était allée reprendre ses bourriches dans les bruyères, au-dessus de la roche ; elle les avait disposées dans deux grands paniers pour les emporter le lendemain à Saverne, en évitant de passer devant la maison forestière et prenant directement par les bois le sentier du Falberg.

Vers neuf heures du soir, Annette était de retour ; elle visita les paniers et trouva tout en ordre.

« Il ne faudra pas perdre de temps, dit-elle, car l'avocat m'a prévenue que cette affaire a fait beaucoup de bruit et que les autorités veulent la terminer tout de suite, pour donner un grand exemple... qu'ainsi le procès serait instruit dans cinq jours et plaidé le lendemain. Il engage aussi beaucoup le brigadier Frédéric à partir.

« — Je serai forcé de le sacrifier, m'a-t-il dit, pour sauver Starck qui n'a pas chanté ; tout retombera donc sur lui, la condamnation sera grave, car le chant des *Pandours* est regardé comme un appel aux populations contre le souverain légitime. Qu'il réfléchisse à cela.

« En prenant le chemin de fer à Lutzelbourg, il serait le soir même à Nancy. Qu'on le condamne alors, il ne sera plus sous la griffe des Prussiens. Enfin, cela le regarde, c'est un conseil d'ami que je lui donne. »

« Oui, cela me regarde, répondit Behme. Je veux dire devant les juges ce que je pense des anciens Pandours et des nouveaux. Qu'on m'étrangle ensuite, j'aurai soulagé ma conscience. »

Annette et Thérèse n'insistèrent pas, voyant que sa résolution était inébranlable.

XIII

Gachot ne s'était pas trompé sur la situation de Frédéric Behme : cette nature si forte, si vigoureuse autrefois, ne pouvait résister bien longtemps encore à de nouvelles épreuves.

Les deux belles-sœurs étaient parties de grand matin avec leurs paniers pour Saverne, laissant à la veuve Duhem, leur voisine, la garde de l'aveugle.

Elle préparait le déjeuner, allant, venant, balayant comme chez elle.

L'aîné de ses fils travaillait aux champs et les autres enfants, sauf la petite Pierrette, étaient à la forêt ramasser le bois mort pour en faire des fagots.

Les heures se passaient, et la veuve s'étonnait que le brigadier n'eût pas encore donné signe de vie ; cela l'inquiétait, lorsqu'il parut enfin, sortant de son réduit, en grande tenue de forestier. Il avait remis sa tunique verte, son képi à cor de chasse en argent et une chemise blanche.

« Me voilà, dit-il en se redressant. Regardez, Thérèse, est-ce que rien ne me manque ?

— Thérèse et Annette sont parties ce matin, brigadier, dit la veuve ; nous passerons la journée ensemble.

— Ah ! c'est vous, Jeanne Duhem ! Eh bien, voyez si tout est en ordre ; il n'y a pas de taches à mes habits ?

— Non, brigadier, dit la veuve, remarquant alors l'extrême pâleur du vieillard et l'affaiblissement de sa voix, car il parlait avec peine et fort bas. — Mais pourquoi vous êtes-vous mis en grande tenue, brigadier Frédéric ? Personne ici ne peut vous voir.

— J'ai réfléchi toute la nuit, dit-il en tâtonnant pour trouver un escabeau.

— Tenez, asseyez-vous, » dit la brave femme.

Il s'assit et poursuivit :

« Oui, j'ai réfléchi toute la nuit, comme à Paris, dans ma petite mansarde !... J'ai fait un drôle de rêve. Figurez-vous, Jeanne, que j'ai revu ma fille Marie-Rose ; elle était debout près de moi et m'invitait à m'asseoir devant une table servie de fruits magnifiques. Nous nous assîmes ensemble.

« — Mangez, mon père, me disait-elle.

« Et je pelai une poire... je la goûtai... elle n'avait aucun goût. Puis j'essayai de manger d'autres fruits : des prunes... des noix... qui ne sentaient rien non plus.

« Et tout à coup, me penchant à l'oreille de Marie-Rose, je lui demandai :

« — Sais-tu, mon enfant, que tu es morte ?

« Et tout bas, elle me répondit :

« — Oui, je le sais.

« — Et ta mère... et ta grand'mère... et Jean Merlin, ton fiancé, lui dis-je ?

« — Ils sont ici, tout près, mon père ; ils vous attendent, et nous resterons toujours réunis... on ne pourra plus nous tuer... nous ne souffrirons plus !

« Alors je sentis mon cœur soulagé, et je murmurai :

L'enfant et l'aveugle descendirent le sentier... (Page 66.)

« — Ah! tant mieux!

« Et je m'éveillai. »

La veuve l'avait écouté, et quand, levant la tête, il lui demanda :

« Qu'est-ce que vous pensez de cela, Jeanne?

— C'est un rêve, fit-elle. Je pense aussi souvent à mon pauvre homme, qui me parle. Ce sont des rêves, brigadier... Mais pourquoi vous êtes-vous habillé?

— Ah! dit-il, j'ai pensé que mon vieux camarade Starck ne doit pas rester plus longtemps en prison, et je veux me présenter moi-même aux juges, je veux leur dire : — Me voici, moi, Frédéric Bêhme, ancien brigadier-forestier au Tommenthal, ancien sergent au 2ᵉ de génie... Je n'ai jamais menti, et je vous donne ma parole d'honneur, ma parole de vieux soldat, que j'ai chanté seul le chant des *Pandours*... Ainsi, relâchez cet homme: vous ne pouvez le retenir contre toute justice.. Relâchez-le donc!

— Ah! dit la veuve, ils ne vous écouteront pas. Si vous pouviez leur glisser quelques marcs dans la main, sans que personne ne le sache, alors peut-être ils vous écouteraient. Voyez-vous, brigadier, les Prussiens ne connaissent que l'argent. Ils ne mettent les gens en prison que pour leur tirer de l'argent; c'est parce qu'ils pensent que vous, ou Starck, ou vos amis, vous avez de l'argent, qu'ils vous ont pris. Au bout de trois ou quatre mois, quand ils verront que vous n'en avez pas, ils vous relâcheront. »

Il était mort! (Page 66.)

L'aveugle alors réfléchit quelques instants et répondit :

« Eh bien, c'est égal ; il faut voir cela... Je serais content de pouvoir les mépriser encore plus que je ne les méprise. — Où est votre petite Pierrette ?

— Elle est en bas, dans le sentier, à garder nos chèvres.

— Faites-la venir. »

Aussitôt la veuve Duhem sortit sur la terrasse du rocher et fit signe à l'enfant de monter ; la petite s'en aperçut bientôt, et, se dépêchant de ramener les chèvres à leur étable, deux minutes après, elle entrait dans la caverne, tout essoufflée, demandant :

« Vous m'avez appelée, mère ?

— Oui, le brigadier veut te parler. »

La petite, brune comme une myrtille, ses cheveux défaits flottant sur le cou et ses petits pieds nus poudreux sur le roc, se tourna vers le vieux forestier, tout attentive.

« Tu connais le chemin de Saverne, Pierrette ? lui dit-il.

— Oui, père Frédéric... c'est à Saverne que mes frères vendent leurs fagots, sur la place du marché... Je vais souvent avec eux.

— Eh bien, tu vas m'y conduire. — Quelle heure est-il ?

— Onze heures, père Frédéric.

— Avant de partir, vous mangerez, dit la veuve Duhem, tout est prêt ; un peu de viande, une bonne soupe...

— Je ne veux prendre qu'une bouchée de

pain, dit le vieillard, et un verre de vin, s'il y en a.

— Oui, Thérèse m'a montré la bouteille dans l'armoire.

— Servez donc, et que la petite mange avec vous ; moi, je n'ai pas faim. »

Ils s'assirent et l'on mangea.

Le brigadier, perdu dans sa rêverie, ne prit qu'un peu de pain et un verre de vin.

« Vos autres enfants ne sont pas ici ? demanda-t-il.

— Non, ils sont à ramasser du bois mort en forêt, mais ils reviendront bientôt ! Cela ne peut plus tarder. »

Ce fut tout ce qu'il demanda ; et quelques instants après, entendant que le repas était fini, il se leva, demandant son bâton, et dit à la petite fille :

« Partons, Pierrette, donne-moi la main. Je vais lentement, nous n'arriverons pas avant deux heures. Tu retrouveras bien ton chemin pour revenir ?

— Oh ! oui, père Frédéric, je l'ai déjà fait toute seule.

— Bon. — Au revoir ! Jeanne.

— Au revoir ! brigadier. »

L'enfant et l'aveugle descendirent le sentier rocheux. En passant près du petit cimetière, Bêhme demanda :

« C'est ici le cimetière ?

— Oui, père Frédéric. »

Il se découvrit tout en marchant ; et cinq minutes après, ils remontaient la ruelle du hameau, alors déserte ; car les gens étaient dehors à faire les regains.

La journée était belle et chaude, quelques légers nuages voguaient dans le ciel immense, au-dessus des bois. Pas un bruit ne s'entendait, excepté celui des faucheurs aiguisant leurs faux dans la prairie qui borde le ruisseau.

A cette heure de midi, tout dort, les insectes eux-mêmes cessent de bourdonner ; c'est une heure solennelle.

Ils suivaient depuis une demi-heure le sentier sablonneux à l'ombre des sapins, quand au loin, bien loin, les sons d'un cor, d'un hautbois et d'autres instruments commencèrent à se faire entendre.

Ce n'était encore qu'un vague murmure, où se détachaient quelques notes plus éclatantes ; mais à mesure qu'ils s'avançaient, le rythme s'accentuait, et bientôt l'aveugle reconnut la valse favorite de Marie-Rose, une de ces vieilles valses alsaciennes, joyeuses, entraînantes, dont le mouvement seul vous enlève.

Et Bêhme, croyant revoir sa fille jeune, à dix ans de là, les yeux brillants, la figure épanouie de bonheur, aux bras de son fiancé, sentait une larme descendre lentement sur ses joues.

« Tu entends, Pierrette, disait-il à l'enfant... là-bas... une valse ! On danse à l'auberge de la veuve Baptiste.... Tu l'entends ?

— Oui, père Frédéric, je l'entends bien, répondait la petite, en trottinant dans le sable ; quand je serai grande, je veux aussi danser.

— Ah ! oui, mon enfant, il faudra danser, rire, être heureuse... tant de chagrins viennent plus tard ! Les pauvres petits oiseaux n'ont qu'une saison pour eux, et puis arrive l'hiver : le froid, la faim, la misère !... »

Il s'adressait ces réflexions à lui-même en marchant ; et la musique se rapprochait, la valse devenait plus vive, quand au détour de la roche des Tourterelles, où le sentier se courbe vers la maison forestière, elle éclata dans toute sa gaieté : la clarinette chantait, le cor soupirait, le hautbois modulait ses notes les plus douces.

« Comme elle est belle, cette valse ! s'écria l'aveugle en s'arrêtant, comme elle est belle !... Écoute, petite !... — Ah ! si Marie-Rose pouvait seulement l'entendre encore une fois !...

— Mais, père Frédéric, s'écria tout à coup l'enfant, ce n'est pas à l'auberge de Mme Baptiste qu'on danse.... »

Le vieillard tressaillit.

« Et où donc ? fit-il.

— C'est à la maison forestière... devant la porte... sous le grand poirier... C'est une noce... la noce de la fille aînée du garde prussien.... Ils valsent tous... en tournant autour de l'arbre... le grand garde avec sa femme... les petits garçons ensemble... la seconde fille avec un soldat de Brunswick... et Lina avec son feld-wébel !... Qu'ils sont joyeux !... Et que la mariée est belle avec sa robe blanche et sa couronne de fleurs... »

La main de l'aveugle lâcha celle de l'enfant.

« Qu'avez-vous donc, père Frédéric ? » dit la petite, en se retournant étonnée.

Elle le vit étendu dans l'herbe, au bord du chemin. — Il était mort !

Le lendemain, tous les gens du Graufthâl grimpèrent à la caverne, pour aller dire un dernier adieu au vieux brigadier.

Des faucheurs, suivis de la petite Pierrette en larmes, l'avaient rapporté la veille aux Roches, étendu sur quelques branches de chêne croisées en brancard.

Il était là, dans la première chambre, couché dans son cercueil et revêtu de son uniforme de forestier, l'air grave et rêveur, comme il avait été durant sa vie.

Tous, les yeux à demi fermés, le regardaient en passant, après avoir récité une courte prière, puis ils lui jetaient quelques gouttes d'eau bénite et s'en allaient pensifs. Ce défilé mélancolique dura jusqu'au soir! Et le jour suivant, Frédéric Béhme fut enterré dans le petit cimetière à côté de la grand'mère Anne. Hulot arriva pour l'enterrement; mais le charbonnier, retenu en prison, ne put assister à cette triste cérémonie.

Peu de temps après, les Prussiens s'étant aperçus que Jean Starck n'avait pas le sou, qu'on ne pouvait rien en tirer, — et sans doute aussi à cause des bourriches, — le relâchèrent, et Jean put enfin aller voir la tombe de son vieux camarade. Il la regarda longtemps, les bras croisés, sans murmurer une parole; puis il partit, remontant la côte et respirant avec force, comme ceux que la douleur étouffe, parce qu'ils ne peuvent pleurer!

L'automne venu, vers les premiers froids, un matin le grand charbonnier mit ses habits des dimanches, son pantalon de drap, sa veste de velours, et partit sans dire à personne où il allait. Il revint le lendemain, rapportant un rosier, un beau rosier à roses blanches, qu'il planta lui-même sur la tombe de Frédéric.

Quand il eut fini, se penchant vers la terre, et d'une voix douce comme s'il parlait à un petit enfant :

« Hé! brigadier, fit-il, c'est Marie-Rose qui te l'envoie.... Il a poussé sur sa tombe!.. »

Et alors seulement ses larmes coulèrent.

FIN DU BANNI.

DIS-MOI ! QUEL EST TON PAYS

CHANT ALSACIEN

I

Dis-moi ! quel est ton pays,
Est-ce la France ou l'Allemagne ?
C'est un pays de plaine et de montagne ;
Une terre, où les blonds épis
En été couvrent la campagne,
Où l'étranger voit, tout surpris,
Les grands houblons, en longues lignes,
Pousser joyeux au pied des vignes
Qui couvrent les vieux coteaux gris !
La terre où vit la forte race
Qui regarde toujours les gens en face...
C'est la vieille et loyale Alsace !

II

Dis-moi ! quel est ton pays,
Est-ce la France ou l'Allemagne ?
C'est un pays de plaine et de montagne,
Que les vieux Gaulois ont conquis
Deux mille ans avant Charlemagne...
Et que l'étranger nous a pris !
C'est la vieille terre française
De Kléber, de la *Marseillaise* !...
La terre des soldats hardis,
A l'intrépide et froide audace,
Qui regardent toujours la mort en face !...
C'est la vieille et loyale Alsace !

III

Dis-moi ! quel est ton pays,
Est-ce la France ou l'Allemagne ?
C'est un pays de plaine et de montagne,
Où poussent avec les épis,
Sur les monts et dans la campagne,
La haine de tes ennemis,
Et l'amour profond et vivace,
O France, de ta noble race !...
Allemands, voilà mon pays !...
Quoi que l'on dise et quoi qu'on fasse
On changera plutôt le cœur de place,
Que de changer la vieille Alsace !

RÉD. : 30

**15, rue Jean-Baptiste Colbert
ZI Caen Nord - BP 6042
14062 CAEN CEDEX
Tél. 31.46.15.00**

RCS Caen B 352491922

Film exécuté en 1992

www.ingramcontent.com/pod-product-compliance
Lightning Source LLC
LaVergne TN
LVHW021005090426
835512LV00009B/2089